GRANDES ESCRITORES CONTEMPORANEOS

Colección dirigida por

Luis de Castresana

y

José Gerardo Manrique de Lara

Serie PANORAMAS

LEOPOLDO RODRIGUEZ ALCALDE

TEATRO ESPAÑOL
CONTEMPORANEO

E.P.E.S.A.

Esta edición es propiedad
de EPESA. Ediciones y Publicaciones Españolas, S. A.
Oñate, 15. Madrid - 20.

I.S.B.N.: 84-7067-202-9
Número de Registro: 1.347 - 73
Depósito Legal: M. 19.222 - 1973

Impreso en España por AGISA.
Tomás Bretón, 51. Teléf. 228 67 28. Madrid - 7.

CAPÍTULO I

NO FUE EL SIGLO DE ORO

Durante nuestro siglo, es el teatro español un capítulo aparte en el rumbo del teatro europeo, y a fe que esta observación no ha de emplearse como elogio. Si, a lo largo de las primeras décadas de la centuria, el público de todas las clases sociales acude masivamente a los espectáculos escénicos —antes de desertar, también masivamente, para poblar los locales cinematográficos— sus exigencias son bien escasas, conformándose con la diversión nuestra de cada día, proporcionada con el coruscante envoltorio de la alta comedia, de la «sicalipsis» o, cuando llegaba el caso, del melodrama con pretensiones reivindicatorias o protestarias, que diríamos hoy. Cierto que la mirada retrospectiva hacia otros dominios escénicos que tuvimos por magistrales —el francés o el inglés de la misma época— nos permite hoy comprobar que en todas partes predominó una frivolidad disfrazada de buen oficio o de superficial ingenio, pero también hemos de apreciar notorias distancias entre una comedia de Maurice Donnay, por ejemplo, o los libretos de las innúmeras piececillas musicales que en plena «bella épo-

5

ca», no muy bella para España, llegaron a integrar un ochenta por ciento de la producción teatral.

Desde luego, el auditorio español ha gustado siempre de encontrar en el teatro, fundamentalmente, aquel recreo o diversión que, en realidad, atrae a todos los mortales, aunque hoy se le anatematice con el mote de evasión. Incluso me permito sospechar que la «máquina» o el «artificio», ampliamente vistosos, no dejarían de influir en el apogeo de los autos sacramentales, tan devotamente escuchados por el pueblo fiel. Pero en el Siglo de Oro, en aquel período que ha de contarse siempre entre los ciclos culminantes del espíritu humano, la diversión popular se acompañaba, como bien sabemos, de cuantiosos caudales de poesía, de ingenio vivísimo, de fantasía, de observación humana, convirtiendo al tablado del corral de comedias en una espléndida fiesta de la imaginación y de la vitalidad. Aquel oro legítimo se trasmutó en bisutería misérrima cuando sobrevino un agotamiento de las fuentes populares, que no pudieron contrarrestar los preceptistas a quienes hoy llamamos afrancesados, Moratín o Iriarte, que tampoco ignoraban, en ratos de intimidad, afloraciones de casticismo verdegayante. Los sainetes de don Ramón de la Cruz son la única herencia, un poco impalidecida, pero todavía jugosa, de aquel mágico fuego colorista y vibrante —no le llamaré nunca de artificio— que con tan donosas manos prendieron Lope (Lope el gran humano, Lope, el gran poeta), Calderón, Tirso, Cervantes en sus entremeses osadísimos, o Quiñones de Benavente.

No hemos de extremar la nota peyorativa, tan

propia del español cuando habla de lo que le pertenece y se olvida de triunfalismos, de esos autobombos que jamás descuidan otros países, para fortuna de su propaganda. Si en el siglo XIX son casi unánimes las jeremíadas en torno a nuestra escena, desde el enorme Larra hasta el no tan grande, pero estimadísimo, José Ixart, podemos considerar que tal desaliento obedecía, en gran parte, a la ineludible comparación con un pasado teatral que tornaba a proclamarse glorioso, tras las reservas y los remilgos de la crítica dieciochesca.

En realidad, nuestro teatro decimonónico no queda hoy muy por bajo de sus contemporáneos europeos: la comedia sonriente e inteligente de Bretón, los momentos mejores de la viva policromía zorrillesca, el admirable equilibrio dramático de los dos grandes aciertos de Tamayo (*Locura de amor* y *Un drama nuevo*), el intento de penetración psicológica de López de Ayala, o la atmósfera de «*Don Alvaro*», donde un soplo trágico supera al melodramatismo previsible, son hitos que atribuyen a la escena española de aquel tiempo, tan maltrecha en el recuento superficial, valores que no hemos de desdeñar. Sobre todo, si tenemos en cuenta que de aquel teatro francés, brillante usufructuario de los escenarios de Europa (y no digamos de los nuestros), han quedado como creaciones perdurables la fantasía lírica de Alfredo de Musset y el endiablado desparpajo de Labiche, en tanto que se hunden en el catálogo despectivo de las «piezas bien hechas» los innumerables títulos de honor de Scribe, de Sardou, de Augier, de Dumas hijo, o del propio Víctor Hugo, a pesar de los apasionantes colores y arpegios de «*Hernani*» o de «*Ruy Blas*». Y ya conocemos el bache que media, en la admirable Gran Bretaña del siglo XIX, entre la poderosa e inquietante orquesta romántica de Lord Byron y la delicia felina de Oscar Wilde.

Con todo, el escenario español decimonónico se consideró muchas veces humilde servidor del francés, aceptando de buena gana un diluvio de traducciones («Ya no queda nada por traducir», escribía don Benito Pérez Galdós), que como suele acontecer, mostraban preferencia por lo peor de cada pluma: comedietas ligeras cuyas pinceladas verdes se teñían de rosa con toda oportunidad, o libretos de opereta que hacían el agosto del actor y empresario Arderius. Menos mal que alguno de los impenitentes traductores (don Ventura de la Vega, por ejemplo), tenían gusto y salero más que suficientes para metamorfosear la obrita francesa en una obrita española ágil, bien sazonada y bien escrita. Por otra parte, no olvidemos que la comedia de enredo, tan favorecida por los espectadores poco exigentes de la época, tuvo en España cultivadores bien apreciables, a quienes hoy se califica de inocentes, pero que nunca fueron inferiores en inventiva y en donaire a tantos epígonos de más allá de la frontera; Narciso Serra, Vital Aza o Miguel Ramos Carrión eran excelentes hombres de escena, dialoguistas divertidos, y en alguna ocasión finos observadores de esas ridiculeces y debilidades humanas que son eterno condimento del teatro cómico y de la pieza satírica y que, hoy más que nunca, encontraron campo abierto en los comediógrafos del absurdo.

Aparte de las muchas lágrimas que hizo de-

rramar el inefable ciclo de Francisco Campro-
dón *Flor de un día* y *Espinas de una flor*, las
mayores y más absolutas devociones del público decimonónico hubieron de corresponder a
don José Zorrilla y a don José Echegaray. Si
muchos se explican difícilmente la celebridad
del primero, nadie es hoy capaz de comprender
la incomparable fama del segundo. La lectura
de las obras dramáticas de Zorrilla nos certifica
las torpezas, precipitaciones y trampas que el
propio autor denunció con desconcertante desenvoltura en sus escritos autobiográficos. Tramas ingenuas, recursos disparatados, prosaísmos de versificación son moneda corriente en
los dramas de Zorrilla, «*Tenorio*» incluido.
Pero tales defectos parecen siempre el producto
de una inspiración juvenil, abierta y franca, que
nos mueve a perdonar sus desafueros; la alegre
y fresca musicalidad de muchos diálogos y de
no pocas «tiradas» convierten el cromo de calendario en fogoso lienzo de historia —nunca
genial, pero seductor no pocas veces— y esos
personajes femeninos arrastrados por la pasión
expresan su frenesí con tal ardor, con tan noble
y desesperada valentía romántica, que se hacen
acreedores a toda simpatía, o a todo respeto,
del espectador y del crítico. No olvidemos
tampoco que Zorrilla fue siempre, en el escenario y en el libro, un estupendo narrador de
historias. Y a los públicos, como a los niños,
siempre les han gustado los cuentos.

¿A quién no asombra hoy que le fuera con-
cedido a don José Echegaray el codiciado y em-
pingorotadísimo Premio Nobel? Y, sin embargo,
hemos de reconocer que si el galardón de la
Academia Sueca se otorga siempre —en contra-

dicción patente con sus normas fundacionales— para consagrar una existencia de éxitos literarios, nadie lo ha merecido como el autor de *El Gran Galeoto*. Porque si algún escritor ha conocido en vida eso que se llaman laureles y arcos triunfales, ese se ha llamado don José Echegaray; aunque no le faltaron vapuleos críticos, también conoció pleitesías tan asombrosas como las de aquellos aristarcos que no se atrevían a juzgar sus dramas, porque ante la evidencia del genio no cabe otra actitud que prosternarse. Actitud que, aunque hoy se nos antoje un delirio, compartía el público español, que «rugía de entusiasmo» presenciando *En el seno de la muerte*, *El Gran Galeoto*, *O locura o santidad*, *En el puño de la espada*, *Mariana* y tantos otros alardes de efectismos desaforados, herencia directa y empobrecida de los más coruscantes excesos románticos. Y es que semejantes excesos continuaban exaltando las fibras de un auditorio bien dispuesto hacia el alarido, la pasión culpable o el desenlace tremebundo, realzado por la declamación enfervorizada de aquellos actores que solían convertir en trueno o en canción los peores versos.

¿Podemos rastrear en el menospreciado teatro de Echegaray algunas virtudes que nos faciliten, ante ojos actuales, la clave de sus éxitos? Dando por buena la proporción de enigma que existe siempre en las aceptaciones multitudinarias, podemos agregar, como aclaraciones supletorias, el dominio de los efectos elementales, pero seguros; la novedad que alcanzaban en nuestra escena ciertos problemas o personajes, que hubieran poseído grandeza moldeados por manos mejor dotadas (recuérdense *O locura o santidad, El loco Dios, El poder de la impotencia* o *La muerte en los labios)*; las ocasiones de lucimiento para intérpretes expertos; y los resortes de melodramatismo sentimental que han hecho posible que *El Gran Galeoto* o *Mancha que limpia* permaneciesen en el repertorio hasta hace no muchos años, aplaudidos por auditorios nada pueblerinos.

Las razones enumeradas no son, desde luego, suficientes para la rehabilitación del teatro de Echegaray, ante cuya decrepitud no valen benevolencias ni eclecticismos. Y, sin embargo, repetimos que nadie conoció como don José el halago violento del aplauso, ni creo que en la larga historia de los entusiasmos populares existan muchos ejemplos análogos a la apoteosis que le tributó el pueblo de Madrid tras la concesión del Premio Nobel, a cuyo lado las casi legendarias coronaciones de Voltaire o de Quintana diríanse sencillos festejos de familia.

Los dilatados éxitos de Zorrilla y de Echegaray aseguraban la pervivencia de ese impulso romántico, vivo, desordenado y colorista, que latió también —¡y con qué bella fuerza!— en el teatro clásico español. La vertiente realista, zumbona, y más de una vez acerada, de los sainetes reapareció con ímpetu inusitado en los últimos lustros del siglo XIX, confiriendo nuevos caracteres a la escena española, tras los fogonazos románticos y los dulces cuchicheos moralizantes. Resurgió el género infinitamente simpático a quien Cervantes prestó su humorismo escéptico y certero, Quiñones de Benavente su fantasía despampanante, y don Ramón de la Cruz su fidelísima y deliciosa pintura de costumbres. La calle y la callejuela tornaron a aparecer en los escenarios, con el beneplácito de un público a cuyos distintos estamentos agradó siempre la caricatura de las incidencias cotidianas: todos pasaban muy buenos ratos con los chistes y las marchoserías de un ambiente que unos amaban por conocerle poco, y otros por conocerle de sobra. El clima del sainete, en las expertas e ingeniosas plumas de Ricardo de la Vega, Tomás Luceño, Miguel Ramos Carrión y Javier de Burgos, despertaba risas muy sanas y favorecía muchas benevolencias. Gracias al fresco y oportuno descaro del sainete se apreciaron virtudes populares por quienes manteníanse muy lejos de los humildes, y entraron de matute en el morigeradísimo ambiente de nuestros teatros personajes y situaciones bien poco dudosas, que trasladadas a otros géneros hubieran producido estupor escandalizado y repulsa instantánea: chulos vividores, tías y madres celestinas, honestas parejas «amontonadas», cuernos en profusión. Las carcajadas y la musiquilla que pronto acompañó a tantos desenfadados lances actuaban de benévolo jugo purificador. ¿A quién se le ha ocurrido reparar que el tema de nuestra siempre entrañable *Verbena de la Paloma* es, si aplicamos palabras claras, la ingrata maquinación de una vieja codiciosa que pretende prostituir a las guapas sobrinas, una morena y una rubia, que quedaron bajo su custodia?

La triunfal reaparición del sainete debióse en su mejor parte a la boga de aquella «desmoralización del arte dramático» (así gruñían los críticos de entonces) que consistió en las «funciones por horas», iniciadas en los teatros de la villa y corte (que no era corte en aquellos

12

momentos) hacia 1868, y que pronto recibirían el honroso nombre de «Género chico». Este tuvo por primigenios adornos el diálogo chispeante y la pintura irónica del ambiente, engalanándose después con el aditamento musical que llegó a ser indispensable. El género chico, fulminantemente popularizado, aportó a los escenarios españoles un capital de gracia fresca, de simpática invención, de amable y consciente tolerancia, de alegres esencias tradicionales. Y nuestra música salió ganando con algunas jugosas partituras que todavía no han perdido su chispeante —o entrañable— atracción. Pero no cabe duda de que la proliferación de un género que se proclamaba menor no podía ser la mejor vía para que el teatro español recuperase la savia que le alimentó en sus períodos de intensidad poética y de influencia sobre Europa.

Ya auguraba Pérez Galdós, en sus esporádicas cuartillas de crítica teatral, que un género menor no proporcionaría al teatro español renuevos de gloria. Y el propio género chico, tan lozano y fragante durante más de seis lustros, hubo de precipitarse, al comenzar el siglo XX, en un tobogán de decadencia, que se extendería durante varios años a toda la vida teatral española. Pocos pasos hay que andar de lo ligero a lo frívolo, y en los últimos años del siglo XIX la gente, que siempre tiene ganas de divertirse, descubrió una vez más el magnífico filón de la carne femenina y de la chuscada escabrosa. La primera se acompañaba todavía de muchas blondas y puntillas donde buscar una pulga impertinente, y la segunda se incrustaba en compases que se tarareaban tan pronto como se oían, y en esos episodios, eternos como el mundo, que hoy llamamos eróticos. Junto al género chico floreció el género ínfimo, y aunque éste en sus comienzos contaba solamente con un público restringido (de machos nada más, como diría Pedro de Répide), pronto amplió su actividad ultimando un pacto con su predecesor, para dar origen a la «zarzuela alegre». Esta fue emprendida por el Teatro Eslava con el estreno de *Enseñanza libre*, piececita de Perrín y Palacios cuya acción —muy movidita, desde luego— sucedía en un colegio de señoritas, digno antecesor de *Las Leandras*, figurando entre sus números de música el cuplé del ratón y el tango del morrongo, tan pillos como sus títulos.

Hasta entonces, el género chico se había surtido de una airosa vena popular, de la que brotaron títulos cuya popularidad —de la mejor ley— no se ha extinguido. Sus lugares de acción eran indefectiblemente los barrios bajos madrileños, o las regiones españolas que conservaban tópicos y realidades de gracia o de generosidad (Andalucía y Aragón, de preferencia); a sus ingredientes puramente cómicos añadiéronse, en los últimos años del siglo, algunos matices sentimentales, historias de amores contrariados o sin esperanza, con lo que se dotaba a diálogos y partituras de un leve y melancólico dramatismo, que nadie hallaba desplazado. La revista, intrascendente y vistosa, que desde los tiempos de *La Gran Vía* era admitida como risueña modalidad del género, tenía también un carácter popular de sátira de costumbres nacionales o de aguda intención política, raramente ofensiva, sin buscar su fundamento en los ramos verdes ni en las menguadas exhibiciones anatómicas que la época consentía. Pero en

14

los primeros años de nuestro siglo, se entronizó la «sicalipsis», de la que ya existían algunos antecedentes más o menos tímidos, y no hubo quien pudiera con ella durante una larga temporada.

La palabrita en cuestión, no muy fácil de pronunciar para todos, no sería muy difícil de definir: hoy la traduciremos, sin vacilar, por cultivo del erotismo, en todas sus manifestaciones del desnudo gráfico o real, del chiste atrevido, de la pimienta a puñados, de la liquidación de prejuicios, de la sensualidad como atmósfera. Hoy, cuando presumimos de haberlo descubierto todo, calificamos de inocente a la pornografía que inundó escenarios y libros españoles, pero yo me atrevo a suponer que, cuando aplicamos tan benévolo y arbitrario calificativo, mostramos un poquito de envidia hacia los próximos antepasados, que fueron más audaces que nosotros. Pues, esnobismos e ignorancias aparte, me sospecho que poco tendrían que aprender Joaquín Belda y sus epígonos de Henry Miller y de los suyos. Si hoy creemos que el erotismo literario a ultranza es un incomparable honor para un país civilizado, dejémonos de pesimismos, y reivindiquemos tal gloria para el nuestro en los primeros veinte años del vigésimo siglo.

Además de la picardía —llamémosle así— se adueñaron del género chico los elementos puramente espectaculares. Escribía un cronista en 1910: «El teatro pequeño del porvenir será eso: mucha luz, mucha visualidad, muchas mujeres guapas, y una música ligerita y agradable.» A esto venía a parar la simpatía comunicativa del género chico, transformada en la sonrisa

15

inconsistente y perfumada del género frívolo, dueño del campo teatral por mucho tiempo.

No diga quien me lea que me he detenido demasiado en una faceta, al parecer, bien menor y secundaria del teatro español. Pues si hemos de resumir la historia de éste en la presente centuria, no podemos desatender un sector cuya amplitud llegó a ser tan enorme como significativa. En el apogeo del género chico, llegó a contar éste con once teatros madrileños a él exclusivamente dedicados, y cuando derivó a la algazara de presentaciones lujosas y de contoneos picarescos, se multiplicaron simultáneamente el número de locales frívolos y el de sus proveedores literarios y musicales. Cuando José Francos Rodríguez recopiló sus crónicas teatrales de los años 1908 y 1909, insertó como apéndice relaciones de salas y de obras estrenadas, donde las obras dramáticas propiamente dichas apenas suman varias docenas, en tanto que las piececillas menudas e intrascendentes, pícaras en su mayoría, se cuentan por centenares. Y esta situación había de prolongarse hasta que la difusión del cinematógrafo impuso pantallas sobre los pequeños escenarios «sicalípticos».

El número de obras estrenadas de cierta altura, real o pretendida, era precario, aunque el teatro que todavía se llamaba «de verso» poseía excelentes y acreditadísimos intérpretes. Era el tiempo de María Guerrero, de Rosario Pino, de Carmen Cobeña, de María Tubau, de Leocadia Alba, de Fernando Díaz de Mendoza, de Emilio Thuillier, de Enrique Borrás, artistas cuya popularidad no era en modo alguno inferior a la de las más aplaudidas estrellas del género breve. El género dramático, en realidad, no permanecía estancado en fórmulas periclitadas, y aunque don José Echegaray contaba todavía con la adhesión de sus viejos admiradores, no cabía duda de que la escena española prescindía ya gustosamente del dramatismo altisonante. Los primeros éxitos de don Jacinto Benavente no fueron, en realidad, muy ruidosos, pero la aportación matizada y sutil de aquél hacíase sentir en los nuevos rumbos de autores y de obras.

El influjo de Benavente no fue ajeno a la instauración de la que pretenciosamente se llamó «alta comedia», caracterizada por su diálogo ingenioso, o que quería serlo, por el lógico predominio del tema amoroso, y por los escenarios aristocráticos, o al menos burgueses, en que se desarrollaba. Es evidente el parentesco de la «alta comedia» española con el teatro francés o inglés de la misma época, donde también abundaban la finura del diálogo y la predilección del ambiente burgués, aunque este fuera objeto de sátira más o menos espinosa. Tampoco era imperceptible la herencia de la intención moralizante que desplegaron Enrique Gaspar, Tamayo o Eguilaz, pues, en cuanto al fondo, el teatro español gustaba aún de la ejemplaridad, que hallaba en su público habitual recepción muy favorable. Las audacias de lenguaje se desconocían, y hasta las obras llamadas de tesis infringían muy rara vez los cánones de la moral tradicional. Cuando un Martínez Sierra, por ejemplo, elige en su *Lirio entre espinas* el decorado de un prostíbulo, cuida bien de prestar a su obra un sesgo de rosada ejemplaridad; y son precisas la popularidad y autoridad de un Benavente para asestar, con guante blanco y sin incurrir en graves riesgos, determinados y valientes zarpazos.

Esta contención general del teatro «serio» contrastaba estrepitosamente con las libertades que se tomaba el género frívolo, prodigando «engendros en que el ingenio y el buen gusto no aparecen por ninguna parte», como escribía un cronista. Contraste que aparece más palpable si se recuerda que el mismo público podía frecuentar los locales de ambos géneros, con la excepción de las burguesitas solteras, que no acudían jamás a los teatros frívolos, y no siempre a los formales: para ellas se instituyeron los «sábados blancos», de risible título. La discriminación moral y mundana entre el género dramático, que habría de ser exteriormente irreprochable, y el pasatiempo frívolo (conocido con el nombre de revista) donde toda licencia era permisible, se mantuvo con todo rigor hasta muy entrado el siglo.

De lo dicho puede deducirse fácilmente el carácter burgués del teatro español en un largo período de su historia. Burgués, digo, en cuanto a la tendencia formal que lo impregnaba, y no en cuanto a la exclusividad del auditorio, pues hasta la llegada y la imposición del cine, el elemento popular de las ciudades acudía gustosamente al teatro, cuyas localidades baratas estaban al alcance de muy modestas posibilidades económicas. Por otra parte, y dígase lo que se quiera, es muy frecuente la identidad de predilecciones entre clases sociales muy distintas, ninguna de las cuales tiene el monopolio del buen gusto o del malo, como pretenden creer los afectados por una inocente demagogia o por una generosa utopía. El público español ha sido durante todo el siglo eminentemente burgués, en el sentido de que ha buscado siempre en el teatro un factor de diversión, o de evasión como diríamos hoy, contentándose con soluciones fáciles y con satisfacciones epidérmicas, admirando más al actor que al personaje, y sin blasonar de la menor curiosidad intelectual, o inquietud artística. Lo que se estrenase fuera de los Pirineos le tenía por completo sin cuidado, y si llegaba a conocerlo, lo aplaudía muy moderadamente, sin avales de propagandas o esnobismos. Situación que ha producido los lógicos e incalculables daños, y que, por fortuna, tiende a modificarse en los últimos lustros, en los que coexisten grandes huellas del ya expuesto conformismo y una noble y preocupada curiosidad por el ritmo general del teatro.

Digamos también, para alivio de un cuadro que parece muy oscuro, que ese público español rutinario y poco dado a profundidades, en el que se fundían burgueses y proletarios, estimuló y aplaudió sin reservas a aquellos autores que llevaron a la escena tipos y hábitos populares, del barrio bajo o de la aldea, nada frecuentes en otros sectores del teatro europeo, y menos que ninguno en el siempre admirado teatro francés. Y hemos de añadir que tal visión de los ámbitos humildes no era siempre idílica, o tranquilizadora para ciertas conciencias.

Desde el ángulo intelectual o artístico, el teatro español de comienzos de siglo adolecía, como vemos, de una alarmante conformidad. No ocurría lo propio en lo que se refería a las inquietudes sociales, ya candentes en el curso de la historia, que empleaban el escenario como

19

eficacísima tribuna. El hecho de que abundasen en la escena española las predicaciones de la derecha, desde los tiempos de Tamayo, no significaba que otras voces más disconformes no tuviesen medios de hacerse oír, a veces con inusitado estrépito. Bien sonados fueron los estrenos de *Juan José* y de *Electra*, a los que cabría añadir otros muchos acontecimientos polémicos que no sobrevivieron a la actualidad inmediata. La efervescencia social llegó continuamente al teatro, para el que no existían censuras oficiales a pesar de la tendencia conservadora de los gobiernos de Alfonso XIII; Francisco García Pavón ha reseñado y estudiado numerosos y significativos ejemplos en un notable libro. Pero hemos de reconocer que el teatro social español, valiente, enérgico, y hasta vocinglero, no tuvo, por lo general, campeones de categoría literaria similar a la de los denodados Benito Pérez Galdós y Joaquín Dicenta.

Los dramaturgos rebeldes estrenaban con más frecuencia en Barcelona que en Madrid, y sus alocuciones generosas acompañábanse casi siempre de tramas melodramáticas, pobladas de personajes primarios, rotundamente buenos o espantosamente malos. La diatriba anticlerical estaba a la orden del día, tomando a los jesuitas como principal blanco de los tiros, aunque los autores mostrasen rara vez un decidido ateísmo, siendo mucho más frecuente la exaltación de una vaga religiosidad de inconfundible raíz cristiana, compatible con las más radicales reivindicaciones políticas. Tampoco faltaban generosas intenciones de conciliación fraternal, y una pieza de un entusiasta escritor anarquista se titulaba *El ocaso de los odios*. Muchos de estos dramas sociales y revolucionarios, hoy olvidados por completo, finalizaban con un «cuadro plástico» cuya descripción nos hace sonreír, con alegorías de la Libertad y del Progreso, cuyos factores principales eran el triunfo de la Electricidad y la destrucción de los jesuítas.

Los propios dramaturgos burgueses no permanecían sordos ante el apremio de las cálidas realidades. Algún crítico ha visto intenciones revolucionarias en ciertas comedias de Gregorio Martínez Sierra; los ataques de Linares Rivas a las leyes injustas o a los prejuicios reinantes se nos antojan hoy inocuos, por la escasa calidad de su autor, pero en su tiempo pudieron parecer osados; y Benavente no dejó de prodigar alfilerazos, a veces muy contundentes, o que llegan a estructurarse en obras enteras, como *Los malhechores del bien*. Pero la identificación existente entre el auditorio conformista y aquellos dramaturgos preferidos, privaba a los arranques de éstos de toda posible eficacia; sus frases revulsivas se aceptaban como se acepta indulgentemente una opinión contraria en una tertulia de amigos.

En plena decadencia artística del género chico, trasformado en un híbrido de sainete convencional y de vodevil licencioso, se salvan del naufragio los rasgos de irresistible comicidad y la soltura de imaginación de algunos autores, como Antonio Paso, Enrique García Álvarez, y, en un plano más destacado, Carlos Arniches. Este último defiende como puede el sainete tradicional, en tanto que los otros perpetúan, con música y con chistes, el modelo de la comedieta de enredo, banal y divertida. El mismo Arniches prescindiría a veces de la garbosa exaltación madrileñista para emplear su ingenio inagotable y su comprensión humana en la creación de sus «tragedias grotescas», donde no siempre quedan adecuadamente ensambladas la lágrima y la comicidad.

El teatro en verso, tan apasionadamente cultivado en el pasado siglo, permanece vivo durante mucho tiempo, y aunque hoy se nos antoje muy lejano y con muy reducidas posibilidades de resurrección, hemos de reconocer que la mayoría de sus autores poseyeron noble ambición artística y fluidez y belleza de forma. La ambición queda reflejada en la denominación de «teatro poético» con que se designaba a los dramas versificados; los tiempos eran muy propicios a dotar a los poetas de atributos divinos, ya que el «modernismo» imperante, con sus derroches de colorido y de musicalidad, prendía rápidamente en el corazón y en el oído de muchos. El teatro poético permanece fielmente romántico en sus temas y en sus escenarios: Oriente, castillos medievales, infantas, trovadores, paladines, hechiceras. Pero no limita su forma a simple vehículo expresivo, y prodiga la «tirada» de gran efecto, traída por los pelos como los números musicales de las revistas, pero muy apta para ser escuchada con deleite, aplaudida con delirio, y aprendida de memoria por admiradores enfervorizados. Toda esta filigrana formal y sonora se reveló pronto inconsistente, aunque mantuvo adeptos hasta bien entrado el siglo, si bien con el tiempo el teatro en verso adoptó —en manos de Eduardo Marquina— factura más sólida, no exenta de palpitaciones humanas, y más depurada sencillez. Pero hemos de remontarnos a don Ramón del

Valle Inclán y a Federico García Lorca para hallar los testimonios más auténticos y más vivos de la tradición del verdadero teatro poético.

En verso o en prosa, con música o sin ella, el teatro era, en España y en Europa, el espectáculo por excelencia, la única diversión permisible para muchas personas, la ventana abierta a la ilusión y a la fantasía, como después lo sería el cine. El poder de sugestión teatral residía simultáneamente en el escenario y en la sala, pues en los comienzos del siglo la asistencia al teatro era también un deber social, un signo de distinción para los privilegiados de la vida, y un medio de reunión y de comunicación para todos, feria de vanidades y lonja de chismorreos, admiración o crítica del postín ajeno y alarde del propio. El proletariado, por su parte, acudía a las localidades altas —el bullicioso «Gallinero»— cuyos precios oscilaban entre la peseta y los diez céntimos, compartiendo de lleno, dígase lo que se quiera, los gustos no siempre nítidos del público burgués de palcos y butacas. Escuchemos a quien ha vivido plenamente, como espectador y como autor, muchas horas del teatro español, Joaquín Calvo Sotelo:

«Un temblor ilusionado recorre los espíritus de los jóvenes cuando se acerca su función de turno; las damas se aprestan a lucir sus joyas y sus atavíos, y menegildas y soldados ahorran de sus menguados ingresos lo preciso para pagarse la entrada general. Los niños reciben la primera información de lo maravilloso en las sesiones de los jueves y de los domingos, y un mundo de hadas y gnomos, de princesas bellísimas y bondadosos geniecillos descorre, ante sus ojos asombrados, los celajes de un paraíso donde el mal siempre es castigado y el bien logra su premio. Cuando la actriz de fama llora o muere, ama o se embriaga sobre las tablas, los inteligentes radiografían sus gestos, su tono de voz y la pasión de sus miradas... La alta sociedad sigue, con una condescendiente benevolencia, las evoluciones y piruetas de sus artistas predilectos... La clase media se deja deslumbrar por el artificio de unos decorados suntuosos o de un frac bien cortado... La clase baja colecciona postales iluminadas, recorta las fotografías de los periódicos y las pega con engrudo en las paredes: llora en las localidades baratas, se divierte estrepitosamente con los juguetes cómicos o se maravilla —los ojos muy abiertos— con los ingenuos trucos de las comedias de magia».

El teatro, prosigue diciendo Calvo Sotelo, «es el supremo espectáculo... Las corridas de toros no son su enemigo, sino su complemento, y ningún señuelo es más atrayente que el de las bambalinas, ni ninguna luz fulge más que la de las candilejas... El teatro es la gran válvula de escape, la gran panacea de la alegría, la gran vacación del espíritu... Tal privilegio de atención pública, tal aptitud para convertirse en eje de la vida circundante no volverá a conocerlo el teatro, pasada esa etapa de supremo auge, salvo circunstancias excepcionales. Si así sucedía, atribúyase a que todo era, en potencia, público de teatro. Su hegemonía bastaba para hacer de cada ciudadano un súbdito, un oficiante, y en la imaginación de centenares de universitarios, de funcionarios, de horterillas y aun de menestrales, escrito o por escribir, había un drama de cinco actos o un pasillo cómico».

Desgraciadamente, esta devoción al teatro

como espectáculo brillante o como punto de reunión, no comprendía siempre la medida de calidad de las obras. Nuestro público se caracterizaba, como ya advertí, por una carencia casi absoluta de inquietud estética o de curiosidad intelectual. El teatro clásico, tan escrupulosamente oficiado en otros países, aburría a los auditorios hispánicos, pese al éxito de Francisco Morano en *El Alcalde de Zalamea* o al refinado gusto con que María Guerrero programaba sus «lunes clásicos» en el Teatro de la Princesa. Y el conocimiento del teatro extranjero no solía extenderse más allá de las operetas vienesas, que con todo acierto traducía José Juan Cadenas, o de los dramas policiacos franceses y norteamericanos que iniciaban su boga: *El misterio del cuarto amarillo, Jimmy Samsom* o *Raffles*, sucedidos, años más tarde, por *El gato y el canario* y *El proceso de Mary Dugan*. Nuestros autores no escatimaron las imitaciones de ambos géneros, y el decaído teatro lírico, perdido en el verde oleaje de la «sicalipsis», encontró en la opereta nuevos acentos de delicadeza sentimental o de pícara insinuación revestida de elegancia.

La década de 1920 señaló una importante regresión en las aficiones del público, ya orientado hacia el cinema, capaz de ofrecer a los niños maravillas mayores que las envejecidas comedias de magia, brindando a los jóvenes seductoras apariciones de estrellas y galanes famosos, o lances y peripecias más cautivadores, y más superficiales también, que los que pudiera aún ofrecer la escena. En provincias, algunos teatros comenzaron a alternar con intervalos de proyección cinematográfica las campañas teatrales, que hasta entonces sucedíanse ininterrumpidamente a lo largo del año, y a cargo de valiosos conjuntos que nada tenían que ver con los remotos cómicos de la legua. Aunque muchas personas respetables consideraban implacablemente que el cine era diversión tan sólo adecuada para menores de edad, modistillas y parejas de novios ganosas de oscuridad, no tardará en ejercer sobre ellas su fascinación el lienzo de plata, y los locales cinematográficos se multiplican —discretamente aún—, siendo los teatrillos de variedades y los escenarios del género chico primeras víctimas de la veloz e inesperada competencia.

Los autores respetados e indiscutidos son, en los felices veintes, Benavente, Linares Rivas, Marquina, Martínez Sierra y los Quintero, pero ya perciben algunos en sus laureles un sospechoso aroma de naftalina. El teatro pequeño no tiene ya nada que hacer, y el sainete madrileñista se amplía a tres actos: ya no son sus exclusivos héroes chulos y cigarreras, taberneros y aguadoras; una clase media, apurada y presumida, de «niños bien» y «pollos pera» les sustituye en el escenario. Francisco Serrano Anguita y Enrique Suárez de Deza se reparten los restos de la «alta comedia», y los traductores no se dignan enterarse de los grandes nombres innovadores de la escena europea, prodigando en cambio las versiones, hábilmente azucaradas para el consumo castellano, de vodeviles franceses de cuarto orden —firmados Verneuil, Birabeau, Armont y Gerbidon— o de las espumosas farsas mundanas que llegan de Viena o de Budapest, bien traídas por Andrés Revesz y Tomás Borrás. Nunca faltan en estas comedietas el restaurante de moda con su reservado elegantísimo, el traje de noche, el gigoló ingenuo, el adulterio que se queda en agua de borrajas. El público se entretiene unas cuantas tardes, la López Heredia o la Ruiz Moragas lucen bonitos vestidos, y todos contentos. Las piezas magistrales que arriban a nuestros escenarios se cuentan con los dedos, y su éxito nunca llega a delirante: *Siegfried*, de Giraudoux, *La Calle*, de Elmer Rice, *Los fracasados*, de Lenormand, o *Anna Chistie*, de O'Neill, son casi los únicos embajadores —no muy escuchados— de la poesía y de la vitalidad del gran teatro contemporáneo.

Entre 1920 y 1935 se asiste a una rutilante resurrección de la zarzuela grande, virtualmente desaparecida durante treinta años. Una nómina reducida, pero excelente, de compositores y de libretistas proporciona al casi extinguido teatro lírico un nuevo período de apogeo, y una popularidad inigualable. Desde *La Montería* a *La del manojo de rosas* se suceden los triunfos de la renovada zarzuela, y no hay español que no canturree trozos destacados o partituras enteras de *Doña Francisquita, El huésped del Sevillano, La Calesera, Los Gavilanes, Luisa Fernanda* o *Katiuska*, en tanto que algún empresario rumboso y amante de los resplandores de la carne, de las joyas y de las plumas —Eulogio Velasco o José Juan Cadenas— intenta aclimatar a nuestras ramplonas tablas el caleidoscopio suntuoso de la revista parisién. Pero sus intentos, brillantísimos y escasos, no pueden competir con la sal gordísima y el perejil plebeyo de la revista española que sonríe, guiña y se cimbrea en los escenarios de Romea, Pavón, Maravillas y Martín, prestigiada en lo que cabe por pimpantes partituras cuyos chotis y charlestones rivalizan en popularidad con los dúos y las romanzas de las zarzuelas amadísimas.

En realidad, aunque las predilecciones de la masa hayan experimentado las modificaciones aludidas, la escena española no salía de su marasmo: ni las audacias vanguardistas, ni el refinamiento intelectual y poético con que el teatro mundial desafiaba a la omnipotencia del cine, ni las inquietudes políticas y económicas que surcaban la época hallaban eco en nuestros autores, ni su auditorio las exigía para nada, dulcemente prendado de pequeños conflictos de hogar burgués, del nuevo argot del pelo garsón y del pantalón chanchullo, o de superconvencionales intrigas «aristocráticas», sin olvidar el inagotable rescoldo del Madrid castizo y chulapón. Algunos breves e incisivos ensayos de originalidad y de osadía, que más adelante detallaremos, no alcanzaron pervivencia ni sucesión. Y en su afán de no enterarse de nada, el teatro español no se apercibió gran cosa de la fecha del 14 de abril de 1931.

Porque los cinco años de la República no aportaron a nuestra escena ninguna modificación sustancial. En la algazara de los primeros meses brotaron algunas piezas de circunstancias, intrascendentes y burdas; no me refiero, por supuesto, a las piezas de Rafael Alberti o de Alvaro de Orriols, de que hablaré luego. Los consagrados repitieron, impertérritos, sus temas y sus diálogos con alguna aislada alusión a la actualidad, y sobrevino lo que suele ocurrir siempre: que los mayores éxitos correspondieron a los autores que se situaban en la oposición militante al poder constituido: **Pedro Muñoz Seca** y **José María Pemán**. Cierto que el gobierno de Azaña se mostró bien dispuesto al patrocinio de la difusión teatral, secundado por el arte brioso e inteligente de Margarita Xirgú; cierto también que el grupo animoso y moceril de *La Barraca* dejó huellas en muchas carreteras españolas, y que los éxitos de Lorca no se reducían siempre al aplauso de una minoría fervorosa, pero estas notas positivas diluíanse en la persistencia de la mediocridad. El estreno de *La Sirena Varada*, de Alejandro Casona, señala que todavía cabe la esperanza en la presencia de un lirismo actual y mágico. Pero son escasísimos los estrenos de obras de otros climas, también seleccionadas de acuerdo con el eco multitudinario más que con un criterio riguroso de exigencia artística; entre las piezas extranjeras que conoce el público madrileño durante la República pueden citarse *Muchachas de uniforme, El estupendo cornudo, Elisabeth, la mujer sin hombre, El beso ante el espejo,* de Ladislao Fodor, *Melo,* de Bernstein, *Isabel de Inglaterra,* de Bruckner, y por supuesto, los habituales y leves productos del bulevar parisién o del escéptico y socarrón ingenio centroeuropeo.

Las convulsiones que sacuden al país, preludiando la enorme tragedia que se avecina, no hallan en los escenarios el menor espejo digno de su talla. Las sátiras insistentes de Muñoz Seca adolecen de grotescas exageraciones que anulan su posible elocuencia de testimonio; y algunos reflejos aislados de una situación febril, como *Sevilla la mártir,* de Luis **Fernández de**

Sevilla, o *Un momento*, de Felipe Sassone, no tienen talla suficiente para medirse con la áspera circunstancia. Y así proseguía el teatro español su camino despreocupado, creyendo que no había otra Andalucía que la toscamente cómica de Quintero y Guillén, y dispuesto a provocar efímeras carcajadas mediante el ingenio vivaz e inofensivo de la familia Paso; en tanto que en los escenarios de revista alternan los sugestivos chafarrinones de verde que te quiero verde, con algún tímido retorno a la finura sensual de la opereta, en *Las mimosas*, de González del Castillo y Muñoz Román, o en *Las siete en punto*, de Blanco y Lapena. Por lo demás, se mantiene sin fisuras la rigurosa discriminación entre las libertades de la revista y la blancura inmaculada de los escenarios de comedia.

Los progresos del cine, en lo que se refiere a su captación de masas, son ya enormes e imbatibles. La vida teatral tiende a reducirse a la capital de España: en la casi totalidad de las ciudades españolas pasaron a la historia las temporadas de invierno, en que cada compañía lírica o dramática permanecía en un coliseo durante un mes, variando su programa casi a diario, y celebrando tres funciones los días festivos. Las agrupaciones de aficionados, tan decisivas hoy para alentar entusiasmos, tenían muy pocas veces un verdadero designio de superación artística, y los ejemplos de *La barraca* o del *Club Anfistora* eran casi únicos en el raquítico panorama.

La guerra civil produjo, naturalmente, un florecimiento de piezas de circunstancias, aunque en número más reducido del que cabía esperar. En el azar de la división geográfica, quedaron en zona republicana la mayor parte de las formaciones teatrales, si bien tampoco faltó actividad escénica en la zona nacional, mantenida por las compañías de Carmen Díaz, de Tina Gascó, de Niní Montián, de Luis Sagi Vela, que facilitaban al público de la retaguardia un repertorio, en el que —rasgo curioso— las obras inspiradas por la heroica actualidad fueran muy pocas en número. Las piezas de propaganda de la zona republicana se vieron más favorecidas por la extensa colaboración de dramaturgos y poetas; Francisco Ruiz Ramón cita una extensa relación de títulos y de autores en su excelentísima *Historia del teatro español*, recientemente publicada: *La Llave*, de Ramón Sender, *Amor de madre*, y *Tiempo a vista de pájaro*, de Manuel Altolaguirre, *El saboteador*, *El bulo* y *La guasa*, de Santiago Ontañón, *Sombras de héroes*, de Germán Bleiberg, *Los miedosos*, de Antonio Aparicio, y *El amanecer* y *Nuevo retablo de las maravillas*, de Rafael Dieste. Poetas de la talla de Rafael Alberti y de Miguel Hernández aportaron su concurso, como sabemos, y aunque sus piezas de circunstancia no se incluyan entre lo mejor de su obra poética y dramática, relampagueaban, en todo caso, con esos fogonazos que denuncian la presencia de un poeta. Muchos escritores, y singularmente el propio Alberti, añadieron a la actividad de su pluma el trabajo de dirección de grupos teatrales en las ciudades y en los frentes de guerra.

En 1939, finalizada la contienda, fue posible efectuar el balance de pérdidas. Habían muerto asesinados Federico García Lorca, Pedro Muñoz Seca y Honorio Maura; en la larga lista de intelectuales emigrados se encontraban Alejandro Casona, Gregorio Martínez Sierra, Jacinto Grau, Rafael Alberti, Max Aub, Angel Lázaro y Paulino Masip, entre otros de menos frecuente dedicación teatral o de menor renombre. En realidad, el público, no se percató mucho de la ausencia de los autores citados: Martínez Sierra, que disfrutó de una cordial popularidad, estaba a punto de ser olvidado, Jacinto Grau nunca fue santo de devoción de la masa espectadora, Rafael Alberti, Angel Lázaro y Paulino Masip no prodigaban sus apariciones en la escena, y Max Aub no se había enfrentado aún con lo que hoy llamaríamos auditorio comercial. Solamente Casona era recordado con nostalgia, pues en la mente de todos latía la promesa de *La Sirena Varada* y el éxito apoteósico de *Nuestra Natacha;* su recuerdo no se borró nunca, hasta crear un cierto clima de mitificación, que se disoció en reacciones muy diversas cuando la producción de sus años de destierro fue directamente conocida en España.

La muerte de Serafín Alvarez Quintero no produjo gran sensación, pues su teatro, como el de Martínez Sierra, encontrábase ya al borde de la desafección. Permanecían en España los autores predilectos del público de tan distintos quilates como Benavente, Jardiel Poncela, Marquina, Joaquín Alvarez Quintero (que, con conmovedora constancia, continuaba uniendo a su nombre el del hermano muerto). Pemán, Luca de Tena, Suárez de Deza... y Adolfo Torrado, triunfal taumaturgo del más apolillado folletín sentimental, embadurnado de lamentables pinceladas rosas. De acuerdo con la exaltación del momento histórico, supervivió un teatro en verso, cuya próxima agonía no era difícil de prever, pero que todavía alcanzó éxitos por obra y gracia de José María Pemán, de Eduardo Marquina, de Agustín de Foxá, de Luis Fernández Ardavín y de Mariano Tomás. El verso resultaba muy apropiado para el cultivo y el relieve de dos temas en favor: el canto a las antiguas glorias de España y a sus siglos de conquistadores y de misioneros, y la evocación miniada y convencional de un siglo XIX hacia el que tornaban miradas nostálgicas todos los países de Europa, lánguidamente enamorados del pasado próximo porque ya no confiaban en el cejijunto presente.

Incluso la zarzuela, cuyo declive se oteaba también, mantuvo una breve temporada de éxitos: *Manuelita Rosas, Maravilla, La zapaterita, La Caramba, La Canción del Ebro;* y la revista, privada de sus verdores por la nueva atmósfera reinante, se las ingenió para mantener su hegemonía, con los eternos ingredientes de chicas guapas, cómicos harto burdos y charangas pegadizas. Pero el género lírico se sostenía difícilmente, por sus nulas posibilidades de renovación. La zarzuela española, enquistada en muy determinados temas y ambientes, no disponía de la flexibilidad ni de la facultad de adaptación que permite perdurar a la opereta francesa; la zarzuela desarrollaba sus temas en ambientes de otros tiempos, o en los campos españoles que mejor se prestaban al garbo folklórico y al tipismo comunicativo, manteniendo también el eco del inconmovible Madrid del mantón y de la verbena. Todos estos telones de fondo estaban muy descoloridos en 1940: los temas históricos no podían utilizarse perennemente; menos aún las costumbres y vestimentas aldeanas que ya no se veían en ninguna parte, como también era muy dudosa la persistencia de la chulapería arnichesca y del buen corazón barriobajero. Los compositores vivos, por su parte, no hallaban tampoco el eco fervientísimo que despertaban sus ágiles y sentidas partituras en un pasado todavía próximo.

En los años cuarenta asistimos a los éxitos increíbles —o demasiado verosímiles— de Adolfo Torrado; a la respetable fecundidad de Benavente que, sin aportar novedad alguna, conserva un auditorio que aprueba y admira cuanto dicen y hacen sus personajes; a un repertorio cómico de la más baja calidad y de la más burda inventiva, donde se lucen el bueno de Somoza, el veterano Valeriano León, y Rafaela Rodríguez, prodigio de simpatía y naturalidad escénicas; y, como único destello positivo, a los estrenos de Enrique Jardiel Poncela, cuya originalidad y fantasía fueron tan apreciadas y valoradas, hasta que causas muy complejas trasformaron las ovaciones y las carcajadas en injustos y violentos fracasos.

Pero, dentro de este panorama ñoño, desabrido y desolador, hemos de hallar unos cauces firmemente prometedores, cuyos antecedentes eran bien escasos: me refiero a la entusiasta labor dignificadora de la escena, emprendida por jóvenes directores, que hallaron su campo de experimentación en la institución de los Teatros Nacionales, tras de algunos intentos afortunados, emprendidos aún en plena guerra. Cayetano Luca de Tena, Luis Escobar y Huberto Pérez de la Ossa aportaron a la moribunda escena española los dos factores que durante tanto tiempo brillaron lamentablemente por su ausencia, salvo raras y meritorias excepciones: el teatro clásico español y europeo, y las múltiples manifestaciones del teatro contemporáneo, tan olímpicamente ignoradas por nuestra rutina. Y tantas fecundas «novedades» se nos ofrecían barrocamente suntuosas en manos de Cayetano Luca de Tena, o delicadamente perfiladas por el gusto perfecto de Luis Escobar. El director era, en nuestra escena, un elemento casi ignorado por el público: aquellos montajes inolvidables que se desarrollaron en los Teatros Nacionales pusieron en evidencia la enorme eficacia de una mente concertadora, los matices y las singularidades que el sentido plástico puede agregar al texto de una obra maestra. Pocos años después, fue José Tamayo, al frente de la Compañía Lope de Vega, quien desplegó todos los recursos de imaginación y de dinamismo para convertir cada escenificación en un espléndido conjunto de colores y de actitudes. Al alarde espectacular de Tamayo, peligroso a veces por su propio derroche, ha sucedido la precisión refinada de José Luis Alonso, incapaz de dar un paso en falso, moviendo con idéntica sabiduría protagonistas y comparsas, manteniendo una difícil, y casi siempre absoluta, armonía entre el espectáculo y la palabra.

Así, pues, aunque la producción escénica española se moviera dentro de restricciones de todos conocidas, promovíase la paradoja de un extraordinario fomento de la curiosidad del público hacia otros ámbitos y latitudes. La presencia abundante en las carteleras de títulos y autores triunfantes en otros países no era pequeño estímulo para los jóvenes que sueñan, y para los propios autores que no desechaban nobilísimas aspiraciones de renovación o de perfeccionamiento. Aunque permanezcan aún amplios sectores de público bien dispuestos a conformarse con Alfonso Paso o con Juan José Alonso Millán, no son pequeños los núcleos que acogen con avidez todo acorde nuevo, provenga de Beckett o de Sartre, de Claudel o de Ionesco, de Albee o de Genet. La curiosidad juvenil influye poderosamente, como bien sabemos, en el ambiente teatral, y por más que sus intervenciones no sean siempre justas o afortunadas, el espíritu inquieto y el ansia reivindicatoria han producido siempre resultados fecundos en sus contactos con cualquier manifestación artística.

No hemos de incurrir en optimismos calurosos. El teatro español ha atravesado un siglo nada brillante, aunque, por suerte, dos o tres nombres de primera fuerza salven su prestigio. Y todavía está lejos de reponerse por completo de tan dilatado período de debilidad y de incuria. Como nunca es prudente formular vaticinios, es preferible que nos limitemos a comprobar el actual balance: la comedia ligera, antes basada en el chiste a ultranza y en las exageraciones de un enredo ingenuo, procura hoy la frase ingeniosa, el apunte psicológico finamente trazado, el humorismo acorde con nuestro tiempo y el rasgo vivo de observación;

los problemas que nos cercan en esta era de crisis encuentran su eco en el escenario, si no siempre con la virulencia requerida, al menos evidenciando un deseo de hablar claro; se han desechado mogigaterías, y no existe reparo mayor en el tratamiento de situaciones duras o escabrosas, aunque no hayan de justificarse excesos que nadie exige o rotundas manifestaciones de gustos pésimos; el público acoge con aprobación, e incluso con entusiasmo, los desquiciamientos emparentados con el teatro del absurdo; y los jóvenes autores, que por cierto y por suerte proliferan, no se conforman con las etiquetas tradicionales, y buscan jubilosa o desesperadamente sus rumbos por los senderos de la audacia y de la originalidad, aunque algunos no se dan cuenta de que esta última puede asemejarse mucho a la imitación. Si lo que fue un lago demasiado plácido es hoy una caldera en ebullición, hemos de felicitarnos por ello, esperando que en el líquido hirviente del entusiasmo y de la rebeldía lírica y humana encuentren los jóvenes alquimistas el oro deseado. Que bien necesita de nuevos capitales el teatro español, que un día fue el más bello, el más rico y el más brioso del mundo.

CAPÍTULO II

EL TEATRO
DE DON BENITO PEREZ GALDOS

Dos autores dramáticos conceptuados como maestros en el siglo XIX, alcanzan una vejez aún laboriosa en los primeros años de nuestra centuria: don José Echegaray, glorificado por el Premio Nobel y por la aclamación popular que le siguió, y don Benito Pérez Galdós (1843-1920), simultáneamente admirado en el libro y en la escena. Pero mientras crecía la indiferencia en torno a los dramas del primero, la intensa y perseverante acción teatral de don Benito no perdía vigencia ante las nuevas promociones de espectadores. Galdós, novelista equiparable a los más grandes de la literatura universal, llevó a la escena su potencia de creación de personajes y su vibrante espíritu polémico; pero cabe efectuar muchas matizaciones en su personalidad de autor dramático, que al situarse ante el público hubo de conocer resultados tan dispares como el fracaso inapelable de *Los condenados*, la tibieza con que se acogieron *Alma y vida* o *Bárbara*, el gigantesco éxito circunstancial de *Electra*, o el más sólido de *El abuelo*.

Y, realmente, no faltaban motivos de triunfo

o de repulsa cuando llegaban a la escena las producciones galdosianas. Aunque no cabe dudar de ía vocación teatral de Galdós, tampoco parece dudoso que no siempre le acompañaban las condiciones de hombre de teatro. El sutil entramado de sus aptitudes de novelista y de dramaturgo ha sido analizado con toda destreza e inteligencia por Francisco Ruiz Ramón en su *Historia del teatro español,* y me manifiesto plenamente conforme con las conclusiones del distinguido investigador. La fuerza creadora de don Benito no podía contenerse en los límites de tiempo y de espacio que toda obra teatral exige, y cuando ha de imponer a sus personajes los marcos de diálogos y situaciones obligatoriamente breves, aquellos resultan más de una vez elementales, y hasta ingenuos. En cambio, cuando no experimenta traba alguna, y extrae de sus protagonistas dramáticos todo el aliento y sangre que soñó para ellos, consigue Galdós esos prodigiosos talantes humanos de la mayoría de los personajes de *El Abuelo,* de *Realidad* y de *Casandra.*

Precisamente he enumerado aquellas obras que, aunque se llevaron a la escena en versiones reducidas, fueron creadas como extensas novelas dialogadas. Y acontece el sorprendente fenómeno de que *Casandra* y *El Abuelo* pierden intensidad teatral, precisamente, cuando, al condensarlas para la escena, se les pretende otorgar viabilidad dramática. Los diálogos de amplia extensión y las situaciones prolijas no tienen, en ambas obras, paréntesis superfluos, y de su integridad obtienen la potencia de sugestión y el vivísimo calor humano de unos personajes cuya vitalidad no se mide por la mayor o menor intervención en la trama; hasta los más secundarios interlocutores de *El Abuelo* y de *Casandra* poseen una fisonomía vivísima y una reciedumbre inolvidable. Durante la lectura de *Realidad,* en cambio, comprendemos que una adecuada adaptación escénica requeriría modificaciones y condensaciones, pues la estructura general de la bien llamada «novela en cinco jornadas» no ofrece ese encadenamiento de momentos briosos de sus extraordinarias congéneres. Justo es añadir que *Realidad* presenta, a su vez, un buceamiento psicológico superior quizá a otras grandes creaciones galdosianas, y que el conflicto erótico de sus protagonistas tiene novedad y audacia que fueron pasmosas en su tiempo, y que hoy merecen el fervoroso interés que los críticos les dispensan.

Continuamos comprobando que, entre las obras que Galdós dialogó directamente para la escena, los más perdurables éxitos correspondieron a aquellas piezas que eran adaptaciones de sus novelas: *Doña Perfecta* y *La loca de la casa,* cuyos protagonistas guardaban algo, o mucho, de la potencia con que fueron diseñados en el libro. Los grandes triunfos populares de *Electra* y de *La de San Quintín* son perfectamente explicables recordando contingencias sociales y políticas, pero los propios textos, leídos hoy, se antojan sobradamente elementales. Dentro de la extensa prole de fariseos animada por Galdós, Pantoja parece un pequeño fantoche que no admite comparación posible con doña Juana Samaniego o con la propia doña Perfecta (que también tiene sus puntos y ribetes de figurón melodramático). La ingenua y pizpireta Electra (ya la elección de su nombre es otro rasgo de conmovedora candidez) y la duquesa Rosario de San Quintín, bravamente emprendedora, no destacan demasiado en el cortejo de gentiles doncellas generosas, inteligentes y dotadas de temple, que Galdós moviliza, y que encuentran su más emotivo representante en la duquesita Laura de *Alma y vida*, la única cuya lírica dulzura puede sugerir un parangón, remoto si se quiere, con las gráciles criaturas sespirianas.

Frente a tan simpáticas heroínas sitúa Galdós a románticos galanes, de selvática independencia y de turbulentos antecedentes, cuando no son los consabidos ingenieros o los jóvenes juiciosos de talante progresivo y de firme vocación al trabajo. Claro está que poseen mayor fuerza de seducción los primeros, llámense Juan Pablo en *Alma y vida*, Berenguer en *La fiera*, o José León en *Los Condenados*.

El teatro de Galdós, por lo demás, ofrece siempre una impresión de sinceridad y de entusiasmo. El autor ama a sus personajes, y se muestra auténticamente sumergido en las preocupaciones de su tiempo y en los eternos problemas del hombre, que procura resolver siempre desde el ángulo de la generosidad. Si la realización de varias comedias galdosianas no está a la altura del propósito, la inquietud apasionada de Galdós nos lleva a la exquisita evocación histórica de *Alma y Vida*, a la ironía intelectual de «Alceste», cuyo tratamiento moderno de un mito clásico precede, guardada toda distancia, a la sonrisa refinada de Giraudoux; o al cuadro de guerra de «Sor Simona», donde la promesa de ternura y de fraternidad se refugia, audazmente, en el heroísmo angélico de una religiosa perturbada. «*Santa Juana de Castilla*» se acerca, en algunas escenas, a la grandeza patética del abordado episodio.

Más la cumbre del teatro galdosiano ha de buscarse en *El abuelo*. Su reducción teatral conserva una emoción que se sobrepone a todos los prejuicios y a todas las fluctuaciones del gusto; y ya es mucho decir. Nada mejor conseguido que la fusión de ternura infinita y de iracundia irreprimible que son rasgos distintivos de don Rodrigo de Albrit, a quien no podemos negar la formidable estatura de los más nobles arquetipos dramáticos, seguido muy de cerca por la bondadosa debilidad de don Pío Coronado (uno de esos humildes de quien sin duda será el reino de los cielos), por la gracia traviesa y firmísima de Dolly, la más encantadora y la más viva de todas las adolescentes galdosianas, y por la propia Lucrecia, cuyos pecados no borran nunca un íntimo señorío y una fragilidad que, por lo rematadamente humana, no admite condenación. Ningún personaje de *El Abuelo*, por ruin que alguno sea en su conducta —y ésta es la hazaña de Galdós— deja de tener una palpitación de esa humanidad en la que no caben monstruos absolutos, aunque sí ángeles como Dolly, de la piel del diablo.

Casandra no tiene en su conjunto la grandeza ni la perfección de *El Abuelo*, pero, a mi juicio, sigue a éste en la escala de méritos del teatro galdosiano. Cuando se llevó a la escena, descendió el telón en la escena de la muerte de doña Juana Samaniego, con lo que se privó al público del siniestro cuadro de maquinaciones que acompañaron a sus ostentosos funerales. Quizá salió ganando *Casandra* en concentración dramática, a costa de quedar mutilado el sentido general de aquella tragedia galdosiana, que muestra una vez más la capacidad de don Benito para extraer una desconcertante grandeza de las mezquindades humanas. Si Galdós no acertó a proporcionarnos una real imagen del fariseísmo en *Doña Perfecta*, al crear un personaje monolítico, forjó en doña Juana Samaniego una imborrable figura de beata, en el fondo bastante menos indigna que la patulea de herederos, y la sucia rebatiña de una codicia fundamentada en la pereza y en la inutilidad; reflejo nada descaminado de buena parte de aquella lamentable sociedad española. Si por hipócrita definimos a quien mantiene exteriormente una opinión que no es la suya, la terrible doña Juana no merece aquel calificativo: es sincera en su fanatismo, insobornable en su intransigencia. Solamente Casandra, sincera en su amor a la vida, insobornable en su amor a Rogelio, puede medirse con la egregia santurrona a quien motejan de diabólica sus impacientes herederos: los nobles marqueses del Castañar, siervos de todos los conformismos; el bohemio e irresponsable Rogelio, dotado de la vacua simpatía de los sinvergüenzas; el bien llamado cínico Zenón de Guilarte, o el liberalísimo Ismael, que nos encaja demasiados discursos. El enfrentamiento de ambas mujeres, que concluye en sangre, es la escena más duramente impresionante del teatro galdosiano: si recurrimos al fácil tópico de la lucha entre el bien y el mal, hallamos en las dos contendientes la complejidad de sentimientos que no permite un encasillamiento barato. Complejidades semejantes son frecuentes en los héroes de Galdós, y no es éste el menor mérito de su creación literaria —novelesca o teatral— rescatando los maniqueísmos en que también incurre don Benito cuando se deja arrastrar por el prejuicio político o religioso; en lo que Galdós, el grande, se muestra tan humano como sus criaturas.

Capítulo III

EL TEATRO DE DON JACINTO BENAVENTE

En su jugoso texto «Teatro español de posguerra», Juan Emilio Aragonés señala con piedra blanca, como apertura de una era en el teatro español, la fecha del estreno de *El nido ajeno*, de Jacinto Benavente (1866-1954). Gonzalo Torrente Ballester confirió igualmente a don Jacinto un papel de iniciador, y cuando doña Eulalia de Borbón describe en sus memorias la modificación del ambiente español en el nuevo siglo, declara que Benavente era el maestro de la «comedia fina, de diálogo sutil y perfume aristocrático» que acercaba nuestra escena al nivel de la corriente europea. Claro que ésta no se componía solamente de delicadezas aristocráticas, pero era innegable la introducción, a través de Benavente, de un refinamiento satírico y psicológico de que nuestra comedia burguesa se hallaba harto necesitada.

Parece difícil juzgar hoy el teatro de Benavente, sumido en pleno calabozo de esa cuarentena que suele suceder a las grandes reputaciones literarias, y de la que no todas se liberan. La juventud muestra hacia la obra benaventina un desvío absoluto (en el cual, como en tantos

45

desvíos altaneros, hallaríamos una buena dosis de ignorancia); pero no hemos de negar que grandes sectores de aquel teatro, muy vinculados a costumbrismos superficiales, han decaído por completo. El diálogo benaventino tuvo siempre fama de agudo, mordaz e ingenioso: pero su debilidad estriba en que, cuando charlan sus marquesas o sus señoras de Moraleda, prodigan más los comadreos, sin ningún interés a corto plazo, que los chispazos de real ingenio o de certera crítica. También es cierto que muchas comedias de costumbres de Benavente no sobrepasan la pintura amable o el entretenimiento momentáneo de un auditorio presto a la benevolencia; y es más cierto aún que el dramaturgo se sobrevivió literariamente durante demasiado tiempo, sin recuperar en su dilatada vejez aquella agudeza de visión y aquel sentido de la realidad que prestigiaron su mejor época creadora. El teatro de Benavente se fosilizaba como su fiel público otoñal, y ya hemos asistido a la casi nula resonancia de su centenario, cuyos acontecimientos se redujeron, si mal no recuerdo, a la exhumación de una de sus peores obras, *Los malhechores del bien*, que debió considerarse oportuna por su «protesta» un tanto trasnochada. Pero el teatro de Benavente tuvo muchas virtudes, que trataré de enumerar. No era ciego el público que le aplaudía, aunque andando el tiempo llegase a cierto papanatismo que no tardaré en describir. Accesoriamente, podemos observar que no es escaso el mérito de un autor que sostiene hasta edad muy avanzada una producción cuantiosa, a la que se puede tachar, desde luego, de falta de correspondencia con la realidad circundante, pero no de floja inventiva o de torpeza de diálogo. Si hablando del predominio de Benavente en muy largo período del teatro español, pudo recordarse el adagio de que «donde todos son ciegos el tuerto es el rey», también hemos de recordar que dicho adagio, aplicado a don Jacinto, no perdió veracidad en los años de la posguerra, cuando el autor de *La Infanzona* era un anciano que no se fatigaba de escribir y de estrenar.

Ya sé que esta cualidad de vitalidad dilatada, aunque diga mucho en favor de un artista, no es decisiva para juzgar su obra; pero una vejez lozana suele ir precedida de una juventud y de una madurez sazonadas. Y siguiendo el centenar largo de comedias hallamos que, por encima de todo éxito circunstancial, don Jacinto Benavente manifestó una sensibilidad y una osadía que le permiten desafiar al tiempo; sin olvidar que, en un país donde se atendía ante todo al movimiento de una acción o a los esplendores primarios de unos personajes, el estilo de Benavente brilló siempre por su elegancia literaria, por su corrección, por un cuidado de la frase que a veces arribaba a cierto alambicamiento, pero que también lograba poseer acentos casi musicales de irresistible persuasión. La sensibilidad y la audacia a que aludí pueden ser los pilares en que se asiente una nueva y desinteresada atención a buena parte del teatro benaventino.

En épocas de teatro grandilocuente, supo don Jacinto buscar acentos íntimos, delicadas motivaciones, matices psicológicos no siempre captados por el público, pero que suponían una intensa novedad en la escena española. Ya *El nido ajeno* mostraba un afán por la fina psicología amorosa, quizá de raíz francesa, pero bien oportuna en nuestro teatro; a la sátira mordiente de *Gente conocida* y de *La comida de las fieras* sucedía el cuadro final de esta última obra, con la afirmación de un amor compartido y sereno que es capaz de sobreponerse a todas las adversidades. La carrera teatral de Benavente prodigaba múltiples facetas, pero esa nota supremamente delicada desconcierta al público en *La gata de Angora*, y continúa afirmándose en *Rosas de otoño*, *Más fuerte que el amor*, *Los buhos*, *La propia estimación*, comedias modélicas en su suavidad de música de cámara, entonada con muy cristalinos ecos del corazón humano, impregnada de una ternura compasiva que —al menos en los títulos citados— no incurría en culpables sensiblerías. Era bien simpática en Benavente la atención a los débiles y los maltratados, tan abundantes en la triste clase media de la época, atención misericordiosa que encuentra su mejor pálpito en el segundo acto de *La losa de los sueños*, desgarrador por el infinito sufrimiento de una tragedia cotidiana, mínima y enorme, que también comprenderá Lorca en *Doña Rosita*. Este desinteresado amor de Benavente por los pequeños seres humillados y desengañados, o por los callados dramas de los hogares humildes, se extiende en una serie de obras, la mayoría en un acto, que justamente han sugerido el paralelo con el teatro de Chejov, probablemente ignorado por don Jacinto en aquel tiempo: *La casa de la dicha, Por las nubes, De cerca, Ganarse la vida, Una pobre mujer, Por qué se quitó Juan de la bebida*, que evidencian en Benavente un don de clarividencia hacia las vidas modestas y oscuras, que le ha sido negado a la ligera por quienes recuerdan exclusivamente al comediógrafo de salón y de tertulia burguesa (lo que tampoco ha de extrañarnos, pues la comedia mundana fue base de la mayor cuantía del éxito de don Jacinto). También ha de ponerse de relieve que a Benavente se deben preciosos detalles de psicología erótica, nada abundantes en nuestro teatro. Sea cual fuere la íntima actitud sentimental de Benavente (que parece muy clara en algunos poemas póstumamente publicados), éste sobresalió en la creación de caracteres femeninos que se distinguen siempre por la inquebrantable fidelidad a lo que creen su deber, no para con la sociedad, sino para con el amor, por encima de cualquier decepción o de cualquier anatema.

Otro distintivo del teatro de Benavente, que debe ser plenamente estimado en nuestros tiempos contestatarios, es su atrevimiento para encararse con la sociedad a la que aduló tanto según dicen, y a la que, en realidad, enalteció muy poco. Benavente, aprovechando su autoridad, que llegó a ser indiscutible, sobre el público burgués, tuvo el privilegio de hablar claro, logrando que una masa, conservadora como ella sola, aceptase sin protestar, y aun aplaudiese, audacias que incluso hoy se antojarían excesivas en manos de cualquier autor. Don Jacinto llevó a los pacatos escenarios españoles el tema del incesto, puramente moral en *La Malquerida*, pero plenamente físico y presentado sin embajes en *Cuando los hijos de Eva no son los hijos de Adán*, y en *La Infanzona*, sin olvidar la cruda y clara insinuación de *Nieve en mayo;* abordó en *De muy buena familia* la acusación de la homosexualidad delincuente, y rodeó de ambiguas anotaciones la aventura de amor y de amistad de *El rival de su mujer;* reveló la oscura admiración de la hembra sumisa hacia el macho conquistador en *Rosas de otoño* y en *Señora ama;* enlazó en *La melodía del jazzband* una comprensión entre esposa y amante, no muy verosímil ciertamente, pero lanzada con valor al rostro del público; defendió el crimen en *Ni al amor ni al mar* como solución a un problema humano; narró a un auditorio conformista la historia de Pepa Doncel y de su combate con las personas oficialmente decentes, logrando un prodigio de delicado cinismo en el diálogo entre la protagonista y su antigua cofrade la Cira, y otro no menor de delicia erótica estupendamente observada en el intercambio de caricias y recuerdos de Pepa Doncel y del hombre, ya maduro como ella, al que amó de veras en su procelosa vida.

A título de anécdota, puede hacerse constar un curioso fenómeno en torno al renombre de Benavente: mientras la masa burguesísima de los teatros «serios» toleraba y aplaudía los mayores atrevimientos de don Jacinto, sin la menor brisa de escándalo, el público bien curado de espantos de los teatros frívolos censuraba ásperamente cuando a éste se le antojaba alguna incursión al género lírico, con libretos —*Viaje de instrucción, Todos somos unos, Mefistófela*— que sorprendieron ¡por escabrosos! en los mismos ámbitos que a diario se refocilaban con procacidades infinitamente mayores... que no eran obra del majestuoso don Jacinto, a quien no se podían perdonar tales chiquilladas.

Y no olvidemos tampoco, si consideramos virtud escénica el alegato indignado contra las injusticias y las crueldades, que en pleno ambiente mundano, y casi operetesco, de *La princesa Bebé* estalla el discurso del asalariado Chantel, hablando de la miseria y del dolor que hervían bajo la máscara de la «bella época», e incluso haciendo ver, con observación casi profética, que «la atmósfera estaba muy cargada» y que solamente podía respirar el hombre gracias al aire de la destrucción. En realidad, aquella mezcolanza de príncipes y delincuentes a la que sólo faltaba la música de vals, como decía con maligno acierto Pérez de Ayala, y que constituye el nervio de *La Princesa Bebé* y de *La noche del sábado*, venía a ser magna constatación del derribo y saldo de un sistema de vida y de una prosperidad falsa. Biografías, memorias y anécdotas nos han confirmado después que aquel inaudito baturrillo de coronas y navajas no era tan convencional e inventado como creíamos.

Me he detenido en las facetas más positivas y actualizables del teatro de Benavente, porque de subrayar las negativas ya se han encargado muchos. A las debilidades que apunté en el comienzo del capítulo sería fácil añadir otras, pues no es ilógico que en el extenso repertorio benaventino abunden las desigualdades: su absoluto desprendimiento de las palpitaciones inmediatas convierte en un vasto anacronismo casi toda su producción de posguerra, en la que pueden salvarse el aguafuerte melodramático de *La honradez de la cerradura*, y el recio dramatismo con que maneja el inquietante revulsivo de *La Infanzona*. Las exigencias de pureza interior de algunos de sus héroes y heroínas forjan desenlaces optimistas y confortadores que en la vida real serían callejones sin salida: recuérdense *Los buhos, Campo de armiño, Vidas cruzadas, La melodía del jazzband.* E incluso grandes zonas de su vena satírica, tan comentada siempre, han muerto, por falta de suficiente altura, con el estado social que las provocó.

Y, por supuesto, Benavente sigue siendo el autor de *Los intereses creados,* en que se conjugan la belleza literaria, la fluidez del ingenio, el bien templado filo de la sátira, el colorido brillantísimo de toda farsa de polichinelas y la sensación reconfortante de que nos hallamos ante un autor enamorado del teatro, para quien el juego escénico es diablura y delicia. *La noche del sábado* se ha citado siempre entre las obras maestras de don Jacinto, y aunque creo problemática su plena reivindicación en la escena, hallamos en su lectura un ambiente poético perdurable, una magnífica Imperia y una deliciosa Condesa Rinaldi, un alucinante efecto dramático en la escena de la taberna, cuando el ritmo de la tarantela encubre la agonía del príncipe asesinado, y sobre todo, aquella maravillosa declaración de la vieja Maestá, estupenda silueta capaz de llenar, con una sola escena, toda una obra: «El diablo se ríe de esos prudentes que niegan la limosna pensando en que pueda ser para vino... Para muchos es más necesario el vino que el pan.»

CAPÍTULO IV

AQUEL TIEMPO QUE SE LLAMO BONITO

El nombre y la obra de Benavente dominan un largo período de mediocridad teatral, que la masa acepta muy gustosamente, y de cuyo nivel medio sobresalen, aun quedando lejos de la categoría de don Jacinto, varios autores que consiguen dilatado crédito, y que también conocerán cómodo y respetado crepúsculo. Manejan perfectamente el oficio teatral, pues otra cosa sería inconcebible en los escenarios europeos antes de 1914, y hacen sonreir al público, permitiéndole incluso creer que le hacen pensar. El más afortunado durante mucho tiempo fue don Manuel Linares Rivas (1867-1938), que reunía las mejores condiciones para ser tomado por el admirable dramaturgo y fino pensador que no fue nunca.

Linares Rivas dialogaba con soltura y dejaba caer esas frases lapidarias que los espectadores acogían con un murmullo admirativo, compartiendo este honor con Benavente. Abordaba asuntos que pasaban por espinosos, situados por supuesto en salones aristocráticos, como mandan las normas de la «alta comedia». Proporcionaba buenas ocasiones a las primeras figuras, y edificaba con precisión y seguridad su albañilería escénica. Sin poseer la finura psicológica ni la forma elegante de Benavente, consiguió análogo número de entusiastas entre el auditorio que más presumía de conocedor y de refinado. Tenía en realidad, todas las aptitudes requeridas para un triunfo inmediato, y muy pocas para un dilatado recuerdo.

Conoció éxitos innumerables: *La mala ley, La Garra, El abolengo, Cobardías, La espuma del champagne, Primero vivir, Como hormigas, La jaula de la leona* fueron títulos apreciadísimos, y de segura garantía de asistencia en las sucesivas reposiciones. Y no vamos a negar que *La Garra* o *La mala ley* excedían, por su asunto osado, los ceñudos límites burgueses, aunque la valentía del alegato no soporte el paso del tiempo, por carencia de contextura en los protagonistas y de poesía en su atmósfera.

Cuando Linares Rivas se trasladaba del elegante salón madrileño a sus lares galaicos, salía ganando en fuerza y en hondura, ya que no en devoción del público. *Mal año de lobos, El alma de la aldea,* y sobre todo *Cristobalón,* presentan cierta grata fidelidad al paisaje y algún instante de impulso dramático que, sin embargo, no llega a cuajar en verdadera intensidad cordial. Alguna vez intentó abandonar caminos trillados e intentó, en *Almas brujas,* y en *Toninadas,* un esbozo de farsa poética, para la que no mostró lirismo o ingenio suficientes, aunque en cambio, logró una deliciosa «fábula de animales» en *El caballero lobo,* donde encontramos gracia, poesía, ternura, y alegre imaginación para atribuir sentimientos humanos al idilio del lobo y de la cordera. También ensayó el teatro en verso, en plena boga de éste, y su *Lady Godiva* no desmerece, en cuanto a pulcritud formal y firme sobriedad de acción, junto a las tentativas logradas por los verdaderos poetas que, en aquel tiempo, asomaron a los escenarios.

Linares Rivas aprovechó también su destreza teatral para realizar correctas traducciones de piezas extranjeras, y adaptaciones hábiles de novelas popularísimas, como *La casa de la Troya, Boy y Currito de la Cruz*. Pero cuando se atrevió a refundir *El cadáver viviente*, de Toltoi, españolizando acción y personajes bajo el título de *El Conde de Valmoreda*, pudo apreciarse la considerable diferencia de nivel con el original. En sus últimos años, de fatigada supervivencia, hallamos un discreto sentimentalismo como distintivo del teatro de Linares Rivas: sirvan de ejemplo *La última novela, Sancho Avendaño* o *Todo Madrid lo sabía*.

Con la firma de Gregorio Martínez Sierra (1881-1947) se estrenaron numerosas obras —dramáticas y líricas— cuya redacción, total o parcial, ha sido reivindicada por su viuda, doña María de la O Lejárraga, en el volumen de memorias titulado *Gregorio y yo*. En vida del dramaturgo circuló profusamente la comidilla de una colaboración conyugal, y hoy no falta quien niega veracidad a las afirmaciones de la señora Martínez Sierra; si ellas son ciertas, nos hallaríamos ante uno de los muy contados casos de mujer dotada para la literatura dramática. Pues, sea cual fuere la paternidad de las obras, estas alcanzaron, no sólo inmenso crédito en nuestro país, sino también un éxito internacional que no conoció en aquel tiempo ningún otro autor español. Se tachó a este teatro de acaramelado,

de opaco, e incluso de cursi, pero no cabe duda
de que su dulzura un tanto rosada conquistó —y
por cierto, en horas exigentes de la escena universal— un prestigio que obliga a reflexionar.

Abundan los interrogantes en torno a Martínez Sierra. Como empresario y director de escena, fue incomparable su labor, merecedora de
eterno agradecimiento. En el espléndido resu-
men gráfico de su tarea, titulado *Un teatro de
arte en España*, podemos apreciar, con asombro
y entusiasmo, su capacidad para instaurar en el
país el dominio de la gracia plástica, de la audacia decorativa, de la refinada colaboración entre
la música y la acción dramática. Su nómina de
compositores, decoradores y figurinistas agru-
paba a los que pronto fueron maestros renovadores de la música española y de la presentación escénica considerada como puro arte. Fue
el teatro Eslava el centro de sus experiencias,
oasis de buen gusto y de novedad estética en
medio de la penosa rutina de los teatros madrileños. Martínez Sierra era un puntual y sensible
conocedor del teatro mundial, y prodigó en el
escenario y en el libro las versiones excelentes;
su entusiasmo como editor merecería también
extensa y entusiasta reseña, recordando aquella
formidable empresa de la Editorial Renacimien-
to, o las primorosas colecciones que dirigió en
la Editorial Calleja. No creo que ningún otro
contribuyese tanto en su tiempo a modernizar
y embellecer la escena y la edición españolas.

Y, sin embargo, este hombre de sensibilidad
refinada y de mirada avizora sobre el horizonte
europeo, cultivaba como autor un teatro rematadamente burgués, en el peor sentido de la
expresión, equivalente en temas y personajes

de las pródigas y nefastas novelas rosas. Menos mal que su estilo literario no carecía de corrección y de elegancia, siendo en esto muy superior a Linares Rivas y a otros profesionales de la «alta comedia». Para completar la sensación de enigma, hemos de agregar que este comediógrafo de sábado blanco y de labor de crochet, como se le llamó malévolamente, no tuvo empacho en situar un burdel —muy higienizado, eso sí— ante los ojos de su público respetabilísimo, en *Lirio entre espinas*, derramó sensualidad de palabra y de gesto en las estampas bien coloreadas de su *Don Juan de España*, y subrayó en *Sortilegio* un espinoso relente de patología sexual. Sin olvidar que otras comedias suyas, como *El Reino de Dios* o *La sombra del padre* fueron tachadas de solapadamente revolucionarias y de anarquistas por algunos mal pensados.

El renombre internacional de Martínez Sierra fue envidiable: *Canción de Cuna* obtuvo un notable éxito en Francia y en Inglaterra, representándose incluso en teatros de vanguardia, y su protagonista en la pantalla fue Dorothea Wieck. *Navidad* entusiasmó en Londres, y *El Reino de Dios* en Nueva York; los estudios de Hollywood filmaron versiones de sus comedias, teniendo por insustituible protagonista a la deliciosa Catalina Bárcena. En la historia de la música contemporánea ocupa la firma Martínez Sierra un lugar de máximo honor, pues a ella se deben los libretos de *Las golondrinas* y de *La llama*, de Usandizaga, de *Margot, Navidad* y *Jardín de Oriente*, de Turina, y de *El amor brujo* y *El sombrero de tres picos*, de Falla; es decir, los intentos más ambiciosos —y entre ellos los más firmes— del teatro lírico español.

Si reelemos las comedias de Martínez Sierra, comprobamos su fragilidad: *Madrigal* —que lleva al escenario la suavidad amanerada de la novela *Tú eres la paz*—, *Juventud, divino tesoro, Mamá, La sombra del padre, Triángulo*, con su pretensión de bulliciosa travesura escénica, o *Lirio entre espinas*, a medio camino entre la crudeza y el sentimentalismo horteril, conservan apenas la vigencia de un diálogo fluido y superficialmente agradable. *Canción de cuna*, cuya popularidad fue enorme dentro y fuera de España, es algo más que un cromo gracias a la figura exquisita de sor Juana de la Cruz, con la pureza de su cariño maternal, exento de toda frustración o de todo hálito carnal. *Amanecer* es la historia bien contada de una muchacha de excepcional temple, moldeada en la dolorosa liquidación de un bienestar burgués; y *Los pastores*, pequeña y melancólica odisea de un buen cura de pueblo, es quizá, dentro del habitual tono menor de Martínez Sierra, su comedia más conseguida en cuanto a calidad humana y justeza de ambiente.

Muy parecido sabor de comida casera, aunque mejor condimentada por la sal andaluza, encontramos en la producción vastísima de los hermanos Serafín (1871-1938) y Joaquín Alvarez Quintero (1873-1944). Su fraternal fusión fue ejemplar, y vivieron y estrenaron dentro de un eterno y afortunado clima de cariñosa simpatía. Sus docenas de comedias, sus centenares de piezas breves, merecían ciertamente la mirada afectuosa y la palmada de la camaradería: en el teatro quinteriano reinan la bondad, la placidez y la sonrisa; ese paraíso que nunca encontramos en la tierra se debe parecer mucho a aquellos patios y a aquellas cancelas sevillanas. Se parece hasta en el aburrimiento que inspira al hombre la intuición de la felicidad perfecta. Y aquel teatro fundamentado en la sonrisa, y en el color de un mantoncillo o de una flor junto al moño, se ha desvanecido sin remedio.

El folletín familiar de *Los galeotes*, la placidez sencilla de *El patio* o de *Las flores*, los cuentecillos risueños de *El genio alegre* o de *Amores y amoríos*, la monotonía aldeana, interrumpida por suspiros moceriles o por ardides de niñas que se quieren casar, en *Puebla de las mujeres* y en *El amor que pasa* se cifrarían hoy en el mismo símbolo: el caramelo que se saborea gustosamente durante unos minutos, y que no deja sabor alguno en el paladar. Cuando los simpáticos autores elevan sus pretensiones hacia el drama —como en *Malvaloca*— o hacia el decoro moralizador —como en *Los leales*— salen aún peor librados, pues la confitura ya no es indiferente: estraga de veras. Su Andalucía chiquita y bonita no llega al brío de la pandereta; se queda en la mansa policromía del calendario o del anuncio de pasas.

El legítimo ingenio de los Quintero chisporrotea y cabrillea en sus piezas cortas, sainetes, entremeses, libretos de género chico, que fueron modelos del género. Cuando sus personajillos no pretenden ser héroes es cuando más nos atrae su desparpajo. Y no dejamos de comprender, ni de amar, algunos momentos de emotiva melancolía —en *La pena* o en *Mañana de sol*— porque nos damos cuenta de que en aquella amargura existe una realidad, y no una ficción dulcemente amañada. A veces, incluso, nos sorprenden los hermanos sevillanos con un lirismo exento de toda cursilería: así ocurre en *La rima eterna*, con su difícil equilibrio entre la poesía real de un paisaje y de una situación, y la amenaza de un nubarrón demasiado rosa; o en el exquisito diálogo de *La flor de la vida*, complemento adecuado de *El duque de El*, donde está rigurosamente conseguido el clima de leyenda romántica, con un protagonista convencional como todos los príncipes encantadores, pero gallardo y calavera como ellos.

En todas las piezas cómicas de los Quintero, por intrascendentes que sean, hallamos un común denominador: el buen gusto. Siempre es difícil evitar la chocarrería, cuando se trata de hacer reír al público, y más aún cuando éste no blasona de refinado. Pues bien, los hermanos Quintero, que tantísimas carcajadas provocaron, no incurren en la menor ordinariez, ni vendieron verduras al por mayor, cuando triunfaban en los propios años de la «sicalipsis». Su ingenio es leve, desde luego, pero siempre fresco, espontáneo, retozón, incapaz de malevolencia. Manejaban el lenguaje con corrección y armonía de excelentes escritores. Dejaron, sin duda, huellas de optimista cordialidad en toda una generación de espectadores, y hemos de reconocer esos no despreciables méritos, aunque la rehabilitación de su teatro parece cada vez más problemática. La Andalucía del llanto fue ignorada por ellos, y cuando la voz altísima de Lorca la trasfiguró en poesía sin fronteras, la dulce Andalucía de los Quintero dejó de ser dulce, para quedarse en empalagosa.

Si los hermanos Quintero fueron los embajadores de Sevilla en el teatro cómico español, la risa madrileña estuvo representada durante mucho tiempo por Carlos Arniches (1866-1943). Este comenzó su carrera mostrando el máximo gracejo en movidos libretos del género chico: *La leyenda del monje, Los aparecidos, Las campanadas*, para solazarse y fundirse con el vulgo madrileño a partir de *El santo de la Isidra*. Arniches no tenía, por lo general, el delicado tacto de los Quintero, pero les aventajaba en la invención torrencial de los chistes y de los retruécanos, y en la explosión de las situaciones cómicas. Exteriormente, la vena de Arniches tiene mucho de gruesa, aunque nunca es grosera, y su lenguaje fue calificado alguna vez de «pirotecnia de burdas ingeniosidades»; claro está, que, por más que incurra en tal exceso, el gracejo de buena ley predomina, y justifica el regocijo con que le acogía el público popular y la atención con que le examinaban los críticos exigentes. Se ha afirmado que el habla «castiza» —que llegó a ser tan fecunda en tópicos— del pueblo madrileño no pasó de éste a Arniches, sino al contrario, y tal afirmación dice mucho del poder comunicativo de un autor.

Arniches no era simplemente un gracioso profesional; si bien colaboró a diestro y siniestro con escritores de fácil desenfado y de salero sin profundidad, como Enrique García Alvarez, no es difícil apreciar en los mejores sainetes del autor de *La cara de Dios*, un talante reflexivo y una puntual observación de la condición humana, que por cierto se hace más perceptible en algunos pequeños y descarnados diálogos no destinados a la representación *(Los pobres* o *La risa del pueblo)*. Introduce en las piezas de género chico personajes y conflictos nada habituales en sus escenarios: así nos sorprenden el desenlace de *La pena negra*, con la aceptación desolada y decepcionada de un amor imposible, un torvo semblante de mujer envidiosa, resentida y acomplejada en *El chico de las Peñuelas*, o el tratamiento misericordioso de las ilusiones fracasadas en *Las estrellas*. Los sainetes de Carlos Arniches tenían un fin moralizador más agudo y certero que las tesis de tantas comedias coetánas de altos vuelos; y junto a tipos convencionales y repetidos —casi obligados por el género— de chulapos, taberneros y comadres, presentaba a otros, como la muchachita enamorada de *La pena negra* o el padre iluso de *Las estrellas*, cuyo dibujo no por sintético dejaba de ser fino y profundo. En el sainete de Arniches estaba el germen de la comedia de mayor alcance.

Sin embargo, desde que el gran sainetero se afinca en la comedia en tres actos, su equilibrio se hace inestable, aunque se consideren modélicas piezas como *Los caciques*, *Es mi hombre* o *La señorita de Trevélez*. La gracia perdurable y el aliento de la primera han quedado bien visibles en reciente y regocijada reposición; pero en las otras no llega a ser perfecto el ensamblaje de materias contradictorias destinadas a fundirse en la fórmula de la «tragedia grotesca». En dicha fórmula, tan cara a Arniches y tan generosamente ambiciosa, el público percibe más la comicidad que la emoción, tal vez porque el autor, a pesar del hondo sentido humano que ya he subrayado, se deja arrastrar por la caricatura. Y acabamos prefiriendo la comicidad a caño libre de *La casa de Quirós*, de *Me casó mi madre* o de *Yo quiero*, y la dosificación tradicional de risa franca y de muy leve sentimentalismo de *El último mono*, a las desilusiones que padecen *El señor Badanas*, o *El señor Adrián el primo*, cuya historia se subtitula, de modo significativo, *¡Qué malo es ser bueno!*

Tal subtítulo contiene, en su melancólica ironía, una clave del teatro de Arniches, siempre encaminado a la exaltación de la bondad. Y no se trata de una visión plácidamente optimista de la vida, sino precisamente de una posición de defensa ante el mal que acecha por todas partes y se ensaña principalmente con el hombre afectivo, con el débil, con el indefenso. Arniches siente un amor infinito hacia los injustamente maltratados: reitera en abundancia la escena en que la mujer brava y generosa se apresta a defender al muchacho humillado y ofendido: ejemplos en *La pena negra*, en *Don Quintín el amargao*, en *El último mono*, en *La diosa ríe*. Y observamos que el comediógrafo de inagotable salero deja de guasearse cuando se enfrenta con los cobardes o con los perversos, y no los combate con chistes, sino con frases dolidas e indignadas, aun corriendo el riesgo del sermón o del latiguillo, como en el final de *La señorita de Trevélez*.

Carlos Arniches gozó siempre del halago del público de todas las clases sociales, encantado siempre de reír con tantos irrestañables retruécanos (muchas veces forjados con sacacorchos, hemos de reconocerlo) o con las mil diabluras que se les ocurrían a él y a sus colaboradores, en los últimos tiempos del género chico. El propio Arniches, Enrique García Alvarez, Antonio Paso y Joaquín Abati introdujeron en la zarzuela en un acto, como advierte Marciano

Zurita en su *Historia del género chico*, la complicación de episodios hilarantes propia del vodevil francés, y como todos eran hombres de fecundo ingenio, divirtieron mucho al público con infinidad de obritas de alegría superficial, pero sana, y de segura correspondencia en el buen humor de los espectadores. Enrique García Alvarez (1873-1931), cuyo ingenio espontáneo fue proverbial en Madrid, se veía obligado a colaborar porque, según dicen, no era capaz de hilvanar por sí solo una trama escénica, pero proporcionaba a sus coautores raudales de chistes que aseguraban el éxito de cualquier obra. Su firma está junto a la de Arniches o la de Paso, en *La marcha de Cádiz, El terrible Pérez, El pobre Valbuena, El fresco de Goya, El cuarteto Pons, Alma de Dios, Gente menuda*, zarzuelillas sin otra pretensión que la de divertir, bien lograda por cierto, y que pueden recordarse por su indisoluble unión al clima y al anecdotario de una época. Antonio Paso (1870-1938), miembro de una dinastía de dramaturgos, cuyo florecimiento no se ha interrumpido, tuvo por colaborador habitual a Joaquín Abati (1865-1936), hombre de cultivada inteligencia y de agudizado instinto teatral. Comedias como *El orgullo de Albacete*, sobre un frívolo caso de doble personalidad femenina, y *El gran tacaño* disfrutaron de dilatado favor, aunque hoy nos parezcan más bien insípidas. Ambos colaboradores tuvieron la afortunada ocurrencia de yuxtaponer el diálogo sainetesco y la aventura extraordinaria, sobre un fondo de vistosos decorados y de paisajes exóticos, en *Los perros de presa* y en *El río de oro*. A Antonio Paso se deben también algunos chispeantes y coloristas libretos de opereta: *El asombro de Damasco, El niño judío, La taza de té, La república del amor.*

Como ya señalamos, pueden cifrarse en millares las obras ligeras estrenadas en Madrid en el curso de los veinte primeros años del siglo. Ningún rastro ha quedado, ni podía quedar, de la mayoría de los títulos ni de sus autores. Sin embargo, han de recordarse todavía, por su facundia o por algún rasgo de originalidad, varios libretistas representativos de la despreocupada y liviana era de la «sicalipsis».

Carlos Fernández Shaw (1865-1911) era un vate de limitado vuelo, pero de sensibilidad honda y de gusto exquisito. Sus traducciones en verso castellano poseen fidelidad y elegancia ejemplares; colaboró con el chulapón López Siva en los libretos de *Las bravías* y de *La revoltosa;* fue uno de los escasísimos poetas españoles que compusieron asidua y abnegadamente libretos de ópera, proporcionando a Chapí el de *Margarita la Tornera,* y a Falla el de *La vida breve;* y se distinguió sobre todo por su empeño en dignificar, merced a la elección de los asuntos y al cuidado del estilo, los populacheros géneros líricos vigentes a la sazón. Citemos aún, entre sus zarzuelas más conseguidas, *Don Lucas del Cigarral* y *La Venta de Don Quijote.*

Guillermo Perrín (1857-1923) y Miguel de Palacios (1863-1920) fueron una «razón social» acreditadísima. Se dedicaron casi exclusivamente al género lírico ligero, con una inagotable fantasía para imaginar decorados, vestimentas femeninas, cantables y bailables. Aunque contribuyeron a la zarzuela popular con los libretos de *Pepe Gallardo, La manta zamorana* o *Bohemios,* prestaron a la revista sus más decididos

65

favores, con infinidad de obras de atractiva espectacularidad y de ninguna pretensión literaria, como es de suponer: *El país de la Hadas, ABC, Las mujeres de Don Juan, Cinematógrafo Nacional, La tierra del sol.* Cuando la opereta se aclimató en España, Perrín y Palacios fueron sus más venturosos mantenedores, y todavía están vivos los éxitos de *La Generala,* de *El húsar de la guardia,* y sobre todo, de *La Corte de Faraón.* Dentro de los límites del género, esta última es una pequeña obra maestra de gracia desenfadada y de pícara desfachatez, manejando continuamente el equívoco con una malicia y un tacto infalibles.

Las operetas extranjeras fueron traducidas, casi indefectiblemente, por José Juan Cadenas (1872-1947), perfecto conocedor del teatro europeo, cronista brillante y malévolo de los escenarios parisinos y de la corte del Kaiser, enamorado de la Fornarina y letrista de sus canciones. José Juan Cadenas, creador de los Teatros Reina Victoria y Alcázar, era una institución en el mundillo teatral madrileño. Adaptó, como dije, las más célebres operetas vienesas (su mayor triunfo fue *El Conde de Luxemburgo),* y más tarde comedietas francesas de entretenida acción y de ninguna trascendencia. Poseía un gusto depurado y una habilidad muy ágil para efectuar sus adaptaciones, siendo una lástima que su profunda experiencia del teatro ajeno no fuese mejor aprovechada para poner en contacto a nuestro público con realidades más fundamentales. Su asiduo colaborador fue Enrique Gutiérrez Roig.

Por la nota levemente poética que imprimió a algunos de sus libretos puede ser recordado

Luis Pascual Frutos, autor de *Molinos de viento* y de *El Duquesito;* y he de recordar con mayor elogio a Pablo Parellada (1855-1944), humorista de excepcional agudeza, quien merece figurar en la historia literaria por su parodia *El Tenorio modernista*, sátira ingeniosísima de ciertos excesos de primera hora de la renovación poética, efectuada con un dominio del lenguaje realmente prodigioso, y con un intenso sentido de la comicidad.

Entre los innumerables abastecedores del género chico, durante la etapa de frivolidad en que rápidamente confinó con el género ínfimo, no sería justo olvidar a Sinesio Delgado, autor fecundo e ingenioso de piezas intrascendentes, que merece una mención honrosa, en la historia del teatro español, por su decisiva intervención en la creación de la Sociedad de Autores; a Maximiliano Thous, Gonzalo Cantó y José Jackson Veyan, cultivadores del teatro castizo con algunas concesiones al desenfado reinante o al sonriente sentimentalismo que aportaba, en aquella supuesta «bella época», la opereta vienesa.

CAPÍTULO V

TEATRO SOCIAL Y COMBATIVO

La agitación social era un hecho en España, y no ha de extrañarnos que el teatro reflejase situaciones candentes y acogiese duros alegatos. Muchos estrenos se rodearon de apasionamientos polémicos, en un tiempo en el que ya se perfilaba demasiado la trágica y rotunda brecha que dividía a nuestro país. Recordemos la expectación surgida en torno a la *Electra* galdosiana, y las razones extraliterarias que promovieron su éxito en el escenario y en el libro; la tirada del texto del drama se cifró en varios miles de ejemplares, inusitado caso en la historia del teatro leído. La comedia de Benavente *La Gobernadora* tiene por asunto la tremolina que produce en la levítica Moraleda el anuncio de la representación de un drama titulado nada menos que *Obscurantismo,* y son innumerables las anécdotas que recuerdan el caldeado ambiente de los estrenos teatrales «subversivos». Esta faceta del teatro español está casi íntegramente olvidada, pues no tuvo la suerte de hallar muchas voces que apuntalaran al testimonio con el talento; pero en una historia de nuestra escena no podemos ignorar hoy un aspecto que tuvo extensión y vigencia singulares, ni borrar nombres acreedores de todo respeto por su decisión y generosidad.

El batallador Joaquín Dicenta (1863-1917) fue durante algún tiempo símbolo y emblema del espíritu combativo sobre la escena. Sus obras más representativas, *Juan José* y *El señor feudal*, pertenecen aún al siglo XIX, y en ellas encontramos los rasgos mejores de un autor que superaba sus pasiones y sus efectismos gracias a ese agudo poder observador y a esa intuición de la contextura humana que han asegurado la perduración de *Juan José*. Tales condiciones no llegan a equilibrar el melodramatismo de *Daniel* o de *El lobo*, que se contaron entre sus éxitos en nuestro siglo.

Análogos ataques a un sistema clasista brutalmente injusto hallamos en los dramas de José López Pinillos (1875-1922), algunas de cuyas novelas, broncas y destempladas como la vida que retratan, merecen ciertamente una revisión, que no puede alcanzar a su teatro. López Pinillos pretendía buscar la verdad de los hechos y de los hombres por el camino de un apasionamiento partidista, justificado por el negro espectáculo de injusticias y de arbitrariedades de una situación insensata, pero que, teatralmente, era ineficaz por su misma exageración. Por lo demás, movía a sus personajes con nervio y soltura, y era patente la sinceridad de la vibración con que llevaba a escena los conflictos sociales. Entre sus obras podemos distinguir *El pantano, Nuestro enemigo, La tierra, El caudal de los hijos* y *Embrujamiento*.

Federico Oliver (1873-1951), esposo de la gran actriz Carmen Cobeña, era hombre de múltiples inquietudes. La variedad de sus temas acredita sus ambiciones: evocación de la Grecia clásica en *La esclava*, drama histórico de altas pretensiones en *Aníbal*, intentos de más fina observación humana en *Lo que ellas quieren*, diatriba contra el fanatismo taurófilo en *Los semidioses*. El eco de este drama circunstancial perduró durante muchos años, y ha sido reeditado, en unión de *Juan José* como ejemplo vivo del teatro social español, donde las cimas son muy raras. *Los semidioses* tiene el inconveniente de una irritación propicia a los desenfoques más flagrantes: la triste historia del barbero que destroza negocio y familia por su ciego entusiasmo hacia la fiesta nacional abunda demasiado en lágrimas y desventuras, hasta venir a parar en un melodramatismo quejumbroso. Federico Oliver, autor de apreciables aptitudes, no las poseyó en grado suficiente para alcanzar la categoría a que, según dicen, aspiraba. En su última etapa creadora, cuando se pusieron de moda las comedias policiacas que tenían su lugar de acción en un escenario teatral—*La araña de oro* o *El gallo petirrojo*— estrenó *Han matado a Don Juan*, excelentemente construida en torno al asesinato de un primer actor, célebre por su historial galante, durante una representación de *Don Juan Tenorio*. Al margen de la bien combinada trama, se formulaban observaciones ingeniosas e inteligentes acerca del mito donjuanista, entonces en plena ebullición de pareceres científicos y morales. Retornó Federico Oliver al teatro social con *Los pistoleros*, en los primeros tiempos de la república, cuando, paradójicamente, la preocupación política pasaba a ser inoportuna sobre el escenario. *El pueblo dormido, El crimen de todos* y *Los cómicos de la legua* pueden también recordarse entre las obras de Oliver, singularmente la última, con rasgos de amarga y delicada emotividad.

En Barcelona obtuvo muy buenos éxitos José Fola Igúrbide (+ 1918), que tras escribir varias obras en verso de carácter más bien anacrónico, dedicóse de lleno a la predicación social, con obras estrepitosas y bien intencionadas, de relumbrantes títulos: *El sol de la humanidad, El Cristo Moderno, El mundo que nace, La ola gigante, Los dioses de la mentira, La sociedad ideal,* y las biografías —o cosa así— de Emilio Zola, de Giordano Bruno y de Joaquín Costa. Fola Igúrbide creía firmemente en el progreso y en la fraternidad humana, veía en los jesuitas la encarnación de todos los males, y era devoto de la ciencia, aunque —como tantos otros revolucionarios de la época— mantenía una adhesión sentimental al cristianismo: cuando imaginó una «Sociedad ideal» —inefablemente ideal— la fundamentó en la religión cristiana, adaptada y «purificada», por supuesto; en *El mundo que nace* exaltó «El socialismo abrazado a la cruz» y en *La ola gigante,* situó a un jesuita, que hoy llamaríamos progresista, como campeón de la integridad cristiana frente a la ruindad maquiavélica de sus compañeros reaccionarios. Fola Igúrbide, idealista, soñador, con pretensiones de poeta, no hizo en el teatro otra cosa que confeccionar melodramas, pues, en realidad, los tramas que acompañaban a sus prédicas humanitarias encajaban perfectamente en los más estrictos moldes del folletín. No tuvo mejor estrella Eduardo Borrás en su escenificación de *El proceso Ferrer.*

Nadie ha vuelto a acordarse del teatro de don Enrique Diego Madrazo, el médico santanderino que no vaciló en encargarse de la empresa del madrileño Teatro Español para que sus ideales científicos y políticos contasen con una tribuna. Sus detractores le llamaron cruelmente el «Doctor Dramazo», y sus «obras teatrales para el cultivo de la especie humana», como él las denominaba, quedan hoy trasnochadas en sus teorías, pero la intensa vocación de don Enrique le permitió acercarse al acierto en el aguafuerte sobrio y veraz de *Las criadas* o en la descripción, somera, pero intensa, de un proceso patológico en *Nelis*.

También puede situarse en el panorama, nada brillante como vemos, de nuestro teatro social la producción sensiblera de aquel curiosísimo tipo humano que se llamó Alfonso Vidal y Planas (1890). Este gustaba de resaltar, en sus dramas y en sus novelas, los más desconcertantes maridajes entre la corte celestial y el hampa, derramando una explosiva ternura sobre el ámbito de los burdeles y de los presidios, ternura a la que, por cierto, no suele mostrarse indiferente el público multitudinario. Así se explica el enorme éxito popular de *Santa Isabel de Ceres*, con la final canonización —mediante el suicidio— de la prostituta enamorada. Tuvieron muy inferior resonancia sus obras dramáticas posteriores: *Los gorriones del prado, La virgen del infierno*, donde aparece Cristo en figura de presidiario, y *Las niñas de doña Santa*, emocionantísima historia de la redención de unas heroicas pupilas de mancebía. El humanitarismo sensiblero de Vidal y Planas, que usaba como portavoz al angélico y lírico Abel de la Cruz, nos demuestra que, si el infierno está empedrado de buenas intenciones, no hay mejor recurso para despertar la risa que el sentimiento exacerbado.

Hombres destinados a figurar activa y ampliamente en la política española, como Luis Araquistain (1886-1959) y Marcelino Domingo (1884-1949), fueron también hombres de teatro, nada torpes por cierto. *El coloso de arcilla*, del primero, se centraba en un carácter bien perfilado de hombre de presa, aniquilado por su propia potencia y por el cúmulo de intereses bastardos que suscita. Marcelino Domingo escribió *Juan Sin Tierra*, drama familiar sin demasiada altura, pero manejado con pericia escénica; *Encadenadas*, que se acercaba peligrosamente al sectarismo; *Doña María de Castilla*, evocación un tanto convencional de la esposa de don Juan de Padilla, tan maltratada en los escenarios por los poetas que más sinceramente la admiraban; y, sobre todo, *Los príncipes caídos*, donde el tema, tan seductor en los años veinte, de los rusos desterrados se abordaba, simultáneamente, con emoción y con lucidez: el hecho indudable de que aquella oligarquía mereciese su derrumbamiento no era óbice para que algunos de sus miembros sostuviesen su posición anacrónica con abnegada convicción, y con dignidad que sus propios hijos no sabían mantener.

Entre las obras de exaltación política que surgieron al calor del 14 de abril, y que no fueron muy numerosas ni muy aplaudidas, sobresalen, por su calidad de documento clarividente, y también por su versificación sonora y animada, el drama *Rosas de sangre o el poema de la República*, y su continuación (a pocos meses vista)

Los enemigos de la República, de Alvaro de Orriols. Este disfrutaba de un renombre estimable como autor de piezas en verso, entre las que descolló *Athael,* versión del mito de Fausto. *Rosas de sangre* era un canto a la república triunfante, y un anatema (por cierto no desmelenado) de las lacras del régimen que agonizó.

CapÍTULO VI

EL TEATRO DE LOS POETAS

El teatro versificado, a pesar de que muchos lo tildasen de anacrónico, mantuvo su brillante tradición en los escenarios españoles hasta bien entrado el cuarto de siglo. El clima del «modernismo» poético fue muy favorable a las trovas y a las casidas, a los suntuosos decorados islámicos o medievales; y el pueblo español seguía mostrándose muy sensible al canto de las pasadas grandezas. La forma coruscante, sonora y enjoyada, encontraba rápido y conmovido eco en los oídos bien dispuestos. La tirada ensalzadora de tal o cual ciudad, de tal o cual paisaje, de la tizona o del mantón de Manila, podía ser factor seguro del triunfo, y algunos trozos de los dramas de éxito de Marquina, de Villaespesa y de Ardavín fueron casi tan populares como las más pegadizas romanzas de la zarzuela resucitada.

El primer puesto entre los muchos poetas que subieron a las tablas corresponde sin duda, por fama duradera y por calidad intrínseca, a Eduardo Marquina (1879-1946). Poeta lírico y épico de dignísima vena, de forma tersa y gallarda, se prendó de los héroes medievales aureolados por el romance castellano o el serventesio provenzal. Aunque sería muy difícil su resurrección en la escena de hoy, *Las hijas del Cid, Doña María la brava* y *El rey Trovador* tienen clásica solidez, constante belleza de expresión, intuición del espíritu de una época, y, naturalmente, ese dominio de la acción y del interés argumental que el público español exigió siempre. *En Flandes se ha puesto el sol*, que tanto contribuyó a la gloria de Marquina —incluso por la opulenta sonoridad del título— queda algo más apagada, por más que los caracteres acusen ya esa matización delicadamente humana que, andando el tiempo, será el mejor atributo del teatro de Marquina. El éxito de sus primeros dramas históricos fue descendiendo cuando el poeta prodigó nuevas evocaciones, diseñadas siempre con nobleza de actitudes y hermosura de lenguaje poético, pero menos sugeridoras para el auditorio: *Las flores de Aragón, El gran capitán, Por los pecados del Rey*. El constante desequilibrio de intensidad entre unas y otras escenas de *El Retablo de Agrellano* perjudicó lo que pudo ser un ensayo original de incorporación al teatro del apasionante mundo de la hechicería medieval. Las comedias en prosa que estrenó durante la misma época no sobrepasaban en absoluto el simple nivel de lo aceptable.

Al menos, el teatro poético de Marquina había dictado un ejemplo de cuidada elegancia literaria, en contraposición a la vistosa vacuidad de tantos otros versificadores teatrales. Y evidenciaba un culto a las más nobles cualidades del hombre, sin exageraciones y sin sensiblerías: los personajes de la gesta castellana, en

Las hijas del Cid aparecen profundamente humanizados, lo que en ningún caso quiere decir disminuidos. Esa atención de Marquina al alma de sus personajes, más que al brillo de sus palabras, se decantó con el tiempo, cuando se sucedieron los estrenos de *El pobrecito carpintero, La vida es más, Salvadora, La ermita, la fuente y el río, Fuente escondida.* Tratando asuntos de la vida contemporánea o campesina, que nada tenían que ver con los grandes lienzos históricos, conseguía Marquina un claro equilibrio en el lenguaje poético, que no dejaba de ser natural, a la vez que mostraba insistentemente el sano optimismo de su concepción del mundo, instaurando desenlaces felices —lógicamente felices— en un género que tanto prodigara el golpe trágico final. El empleo del verso no restaba humanidad a su héroes, y cuando en *El pobrecito carpintero* abría un camino a la magia o al milagro, lo sobrenatural brotaba sin esfuerzo de un ambiente ingenuo donde la fantasía podía ser la suprema realidad.

La labor de Marquina no perdió consistencia con el tiempo, y *El monje blanco* fue considerada con razón como un ejemplo perfecto del género, cada vez más difícil, en que el sentimiento religioso se une armoniosamente con la realidad viviente. El hálito de la Edad Media franciscana encuentra deleitosa comparación en el exquisito episodio de la visita de la Virgen a Fray Can, escena cuya sencillez sólo pudo ser lograda por un verdadero poeta. No hay duda de que el orientalismo colorista de *El pavo real* y de *Era una vez en Bagdad...* es inventado, pero en el dulce dominio de la fantasía no vamos a pedir exactitudes arqueológicas: aquel Oriente puramente poético es buen decorado para dos historias que se despojan de zalemas y pedrerías para destacar la ternura de sus heroínas y la privilegiada mala cabeza de Harún el pescador. En cuanto a *Teresa de Jesús*, cuya resonancia se atribuyó a reacciones políticas, es la recreación histórica más cuidada y más sobriamente emotiva de cuantas Marquina estrenara. Posteriormente, tuvo la audacia de trasmutar en fino verso *La Dorotea* lopesca, sin salir mal parado del propósito, y cuando su arte de dramaturgo acusaba la inevitable decadencia, sorprendió todavía con *María la viuda*, equiparable a los frutos cuajados de nuestro teatro clásico, esculpiendo una admirable figura de mujer en el máximo punto de la abnegación y del sacrificio cristiano: el refugio y la protección al asesino de su hijo.

Junto a la solidez formal y medular de gran parte de la obra de Eduardo Marquina, otros poetas no despreciables prefirieron permanecer fieles al brío de las peripecias y al resplandor de la orquestación verbal. Francisco Villaespesa (1877-1936), el poeta de quien tanto habría que decir para establecer una justa valoración entre el pretérito entusiasmo y el actual desvío, fue víctima precisamente de ese afán de suntuosidad externa en el decorado y en el verso. Las enormes proporciones de su obra lírica son, para el lector actual, una maraña de superficiales insistencias que no permiten apreciar, a primera vista, las muchas joyas desperdigadas en aquella selva; su teatro adoleció de una entrega progresiva a la verbosidad efectista, y así comprobamos que sus obras más conseguidas se encuentran precisamente entre sus éxitos iniciales: *El Alcázar de las perlas, Doña María de Padilla y Aben Humeya.* Había sin duda, una gran sinceridad en la inspiración de Villaespesa: éste amaba los fantasmas morunos y medievales de su Andalucía, que ya no era la Arcadia menuda, salada y pueblerina de los Quintero, pero que tampoco llegó a ser el universo pasional, trágico y visionario de García Lorca. Y despilfarró con deleite las «tiradas» caudalosas, verdaderas romanzas para lucimiento de divos, que en los títulos citados hállanse aún equilibradas por una acción movida y atrayente, pero que se apoderan por completo de la pieza en *La Maja de Goya*, y en los dramas a la mayor gloria de los héroes de América: *Bolívar, Hernán Cortés, El Sol de Ayacucho.* La intensidad dramática se anula en beneficio de un derroche verbal cuya musicalidad, por repetida, pierde toda virtud de hechizo. *La danzarina de Gades* se caracteriza también por la torpeza del desarrollo dramático, premioso y diluido, pero su lenguaje torna a ganar quilates poéticos, guardando algo del perfume clásico que conviene al ambiente de la obra, visión de una Pompeya sensual y soñada.

Como dúctil dominador de la forma poética, realizó Villaespesa excelentes traducciones en verso de comedias de Julio Dantas y de Giusseppe Giacosa. Su lujo verbal y sus artificios aparatosos consiguieron seducir a un público enfervorizado en sus primeros estrenos; y todavía hoy se pueden reconocer en *El Alcázar de las Perlas* y en *Aben Humeya* ejemplos interesantes de un teatro cándidamente luminoso, con virtudes y defectos legítimamente heredados de

Zorrilla y del penacho tradicional de nuestro teatro romántico.

Otro perseverante cultivador del teatro en verso fue Luis Fernández Ardavín (1891) cuya popularidad fue duradera, pues persistió aún en los años de la posguerra, mostrando el poeta conmovedora fidelidad a un género que periclitaba. Bien es verdad que la continua aceptación del público se debió a que Ardavín tenía mejores recursos de hombre de teatro que inspiración de real poeta; por eso sus obras, siempre entretenidas o subyugantes en su trama, hallaban inmediato eco en una masa bien dispuesta a aprender de memoria el canto al mantón de *Rosa de Madrid* o el elogio a Salamanca de *La Bejarana*. El verso de Ardavín era fluido y jugoso, aunque no fuese difícil percibir ripios y prosaísmos en su siempre vistosa construcción; en algunas de sus obras, hasta las acotaciones aparecen versificadas, como también hiciera, con superior resultado, don Ramón del Valle Inclán. Situaba Ardavín sus acciones, pasionales o caballerescas, en los más fulgurantes escenarios: el inevitable Oriente, el Toledo del Greco, el Madrid de las majas o de los donceles románticos, Sevilla en ferias, o Vasconia en romerías. Prodigó, sin empacho, los anacronismos en sus primeros dramas, sumando errores que, por lo visibles, creeríanse inexplicables en un escritor de mínima cultura histórica. E insistió en introducir situaciones escabrosas en sus románticos dramas, repitiendo infatigablemente historias de doncellas seducidas y de retoños irregulares: uno de sus dramas se tituló —con rotundo atrevimiento en la pacata época— *Prostitución o la vida en las mancebías*, nuevo toque admirativo a la ramera abnegada, como es de rigor en el teatro popular, pero con cierta fuerza en unas situaciones dramáticas lindantes con el folletón, y con nada tímidas exactitudes de ambiente.

Compuso Ardavín unas *Estampas de la Pasión y Muerte de Nuestro Señor Jesucristo* completamente faltas de inspiración y, por desdicha, de tradición más próxima a los cromos de San Sulpicio que a la recia imaginería gótica o castellana. Y en sus últimos años, marchando hábilmente al compás de la moda, pintó, con feliz resultado de aplausos, dulzonas litografías «fin de siglo»: *La florista de la Reina* y *El rigodón del amor.* Posiblemente hallemos los rasgos más sutiles y risueños del teatro de Ardavín en algunas historietas amorosas de tono menor: *Rosa de Francia, Cuento de aldea* y *La estrella de Justina;* en esta última, la evocación decimonónica adquiere verdadero encanto. Redactó también Ardavín numerosos libretos de zarzuela, obteniendo, gracias a los maestros compositores, los dilatados éxitos de *La Bejarana, La Parranda, El ama* y *La Caramba.*

Abordó pocas veces Ardavín el teatro en prosa, pero después del folletín escabroso de *Doña Diabla* y de la malograda situación de *Lupe la malcasada*, escribió una comedia inusitada en el rumbo de su creación: *El deseo,* de tema descarnado, presentado con dignidad y osadía, que ha de citarse entre los escasos intentos de aire renovador que soplaron en su tiempo en los escenarios españoles.

Aunque sus tentativas dramáticas están escritas en prosa, Ramón Goy de Silva (1888-1962) puede situarse entre los aguerridos mantenedores del lirismo en el teatro del período modernista. Las influencias de Maeterlinck, de D'Annunzio o de Wilde quedan muy visibles en *La Corte del Cuervo Blanco*, en *La Reina Silencio* y en la serie de obritas en un acto agrupadas en *Sueños de noches lejanas* y en *El libro de las danzarinas*. Su prosa, tersa y musical, tiene empaque poético, lo que no favorece siempre el conjunto del drama, y sus visiones de la antigüedad clásica son tan artificiosas como los lienzos de los prerrafaelistas. La sensualidad suspirada y la languidez ardiente son distintivo de las heroínas bíblicas que pretende reanimar. Estrenó Goy de Silva dos dramas en prosa, de acción moderna: *El eco* y *Sirenas mudas*. El primero es realmente interesante por el tema —el hombre obsesionado por el recuerdo de la esposa muerta, cuya voz encuentra en la segunda— y por la escueta concentración de la trama, conducida al final trágico con perfecto ritmo.

Otros cultivadores del drama en verso fueron Enrique López Alarcón (1891), que conoció un buen éxito en *La Tizona* y otro mucho más discreto en *Romance caballeresco;* Luis Chamizo (1891-1946), el poeta extremeño, cuyo único drama *Las Brujas* estaba dotado de alta intensidad dramática; Fernando López Martín (1882), discreto epígono de Marquina en *Blasco Jimeno* y en *El rebaño;* Emilio Carrere (1880-1947), cuyas raras incursiones al escenario consistieron casi siempre en libretos de zarzuela, *El carro de la alegría* o *La manola del Portillo*, inspirada en la silueta galante y trágica del marqués de Perales; Joaquín Sánchez Prieto (1886), llamado el «Pastor Poeta», que no sé si sería lo primero, pero dudo que fuera lo segundo: su mejor éxito fue *Un alto en el camino*, de seguro impacto en la sensiblería popular; Joaquín Dicenta (hijo) (1893), mariposeador de géneros muy variados, desde el libreto de revista al melodrama rural *Nobleza baturra*, y que cuando quería mostraba reales dotes de poeta dramático, pues *Son mis amores reales* y *Leonor de Aquitania*, en especial la primera, acreditaron una primorosa versificación y un sensible sentido del colorido al evocar ambientes históricos (en cambio *Madre Paz*, estrenada con grandes ovaciones en la posguerra, era un puro y estupefaciente latiguillo); y Manuel de Góngora, autor de *Un caballero español*, lenta de acción, pero muy bella de forma, y con un sugerente decorado del Cádiz de las Cortes; colaboró con Francisco Serrano Anguita en dos piezas flamencas de fácil verso y de heroína juncal y malquerida: *La Petenera* y *La novia de Reverte*. Esta última ofreció el interés de una candente escena en que un vagabundo hambriento mostraba, ante la Andalucía de jaca y pandereta, la llaga de la miseria andaluza, de la que nadie se acordaba en el teatro, y que pronto retoñaría en sangre.

Joaquín Montaner (1892), hoy muy olvidado, fue un dramaturgo de versificación recia, acorde con los heroicos protagonistas que elegía, y que se hermanaban bien con su inspiración austera y bien manejada: *El loco de Extremadura* tenía cierta nobleza de lienzo clásico, y *Los iluminados* y *El estudiante de Vich*, sobriamente dramáticos, han de citarse con elogio en este capítulo.

Cuando ya se encontraba en rumbos de decadencia el teatro en verso, estrenó Mariano Tomás (1891) varias piezas con pretensión de lienzo histórico, que se quedaron en gratas y desvaídas acuarelas: *Santa Isabel de España, Garcilaso de la Vega, La mariposa y la llama*. Angel Lázaro (1900), aplicó la forma versificada, sencilla y elegante a la vez, a las modestas pasiones de las vidas humildes: *Proa al sol,* que sucede en un buque de emigrantes durante su ruta de América, *La hija del tabernero* y *El circo de la verbena,* son piezas bien logradas, finamente emotivas, y a cuyo realismo de sentimientos no estorbaba nunca el atavío poético elegido. Su verso quedaba tan alejado del énfasis como del prosaísmo, así como el movimiento de sus personajes —aldeanos, marineros, artistas ambulantes— permanecía exento de toda vulgar sensiblería.

Capítulo VII

LA GENERACION DEL NOVENTA Y OCHO LLEGA AL ESCENARIO

Los escritores incluidos, con mayor o menor discusión, en la llamada Generación del Noventa y Ocho sintieron la atracción del teatro, aunque por ahora estemos todos conformes en que la actividad teatral no es su título más destacado, salvo en el caso de Valle Inclán. Pero aún reconociendo que los dramas de Unamuno, de Azorín o de los hermanos Machado no pertenecen a su dedicación más alta, no es difícil comprobar los rasgos personalísimos, precursores incluso, que aportaron a la escena española. Ante las tentativas de Unamuno y de Azorín, y los frutos plenos de Valle Inclán, podemos detenernos a pensar que cierta aura de real poesía de nuestro teatro residió más en los hombres del Noventa y Ocho que en los poetas enumerados en el anterior capítulo.

Don Ramón del Valle Inclán (1866-1936) no conoció en vida la aclamación de las salas enfervorizadas; estrenó buena parte de sus obras en los primeros lustros del siglo, con muy modestos éxitos. Sin embargo, el público lector habíase entregado ya a la magia arrebatadora de su lenguaje, y don Julio Casares, en la severa disección de su «Crítica profana», reconoce paladinamente que Valle Inclán era, entre los escritores españoles, el que contaba con más fervorosas, incluso fanáticas, admiraciones. Culto que no dejó de aumentar en el transcurso de los años, y que convirtió a don Ramón en aquel señor legendario de las letras que tanto le agradaba ser. Durante la República se llevaron a la escena, y por cierto con excelentes montajes, otras obras ya bien conocidas y estimadas a través del libro: *La reina castiza*, *El embrujado*, *Divinas palabras*, pero la masa habitual de los teatros continuó desentendiéndose de la potencia poética y dramática de Valle Inclán. El escritor que subyugaba a tantos lectores, de toda edad e ideología, no conseguía ejercer influjo alguno sobre los espectadores de un coliseo. Fenómeno aparentemente absurdo, pero no de imposible explicación.

Como ya advertí en el comienzo de este ligero estudio, el público del teatro español, incluyendo el de los estrenos al que calificaba durísimamente Luis Araquistain, no admitía otro concepto de obra teatral que el clásico de la «exposición, nudo y desenlace». Es decir, que ante todo prendábase del interés progresivo de una acción, de la diversión epidérmica que buscaba en el teatro. Si tal acción se adornaba con lenguaje escogido, o con belleza de frase, la complacencia era mayor, sin duda, pero no se perdonaba que alguien redujera a esos factores los motivos de atracción de una pieza teatral. Hasta el amadísimo Benavente fracasó cuando se atrevió a presentar comedias de peripecia escasa y de orientación intimista. Las obras dramáticas de Valle Inclán no se dignaban corresponder a aquel banal concepto del teatro (concepto que, durante siglos, no fue, ni mucho menos, exclusivo de España), los lectores asiduos, por numerosos que fueran, no bastaban a llenar salas de espectáculos, y es muy verosímil que, a su vez, los espectadores asiduos no fueran lectores de Valle Inclán ni de nadie. Así se formaba una conjunción de factores adversos, de los cuales no era el menos peligroso la propia estructura de las piezas del gran don Ramón.

Este no cuidaba mucho de aquella progresión de interés que se decretaba ineludible, al menos en la forma bien medida en que la exigía el público. Ignoro si Valle Inclán aspiraba a la representación pública de sus *Comedias bárbaras* ni de cualquiera de las otras admirables creaciones de su época madura; pero tanto éstas como las obras teatrales, todas estrenadas, de su juventud, ofrecen mejor una sucesión de estupendas situaciones y de personajes asombrosos que el razonado hilván de acontecimientos de las comedias tradicionales. El auditorio vulgar —y apenas había entonces otro— se desorientaba ante los imprevistos brotes de ingenio, o permanecía insensible a la riqueza del verbo y a su refinado sentido poético, por no ir debidamente escoltado de cintarazos y de latiguillos. Se ha sugerido que la crudeza de lenguaje, y la no menor audacia de ciertas situaciones, influyeron en el desvío o en la repulsa, pero débese recapacitar que las primeras obras de Valle Inclán, formalmente insertas en una estética exquisita, fueron más bien tachadas de delicadas en exceso; y andando el tiempo, los estrenos de *Divinas palabras* y de *La reina castiza*, que no pecan de timidez, produjeron una indiferencia más triste que el escándalo. No hablemos tampoco de «mala conciencia» de un público, pues los esperpentos violentamente satíricos no se representaron. Y la conciencia de un auditorio de teatro suele ser tan inconsciente, valga el contrasentido, como la conciencia humana en general.

El teatro de Valle Inclán ha triunfado precisamente cuando buena parte del público abandonó la exigencia de la «obra bien hecha», concediendo una justa primacía a otros valores poéticos, intelectuales, polémicos o espectaculares. El esnobismo, al que tanto hay que agradecer, facilitó el despliegue admirativo en la masa —probablemente muy numerosa aún— que continúa fiel a los viejos criterios de estimación; y después de muy largo eclipse, se ha reconocido en Valle Inclán el sensacional milagro del teatro español de nuestro siglo.

Inicialmente, la obra dramática de Valle Inclán pertenece por completo a la corriente modernista. Los escenarios son los habituales en el «teatro poético» de la época: vergel medieval en *Cuento de abril*, jardín dieciochesco en *La Marquesa Rosalinda*, escarpada naturaleza, con ecos de rabel y de espada, en *Voces de gesta*. Según acertada opinión de Angel Valbuena Prat, allí se encuentra «el verdadero teatro modernista, alejado de nosotros, pero logrado, representativo, poético». La acción puede ser lenta o parva, pero en la melodía del verso no hay el menor desacorde, la imagen rebosa originalidad, el preciosismo se depura en legítimo encanto, y la atmósfera de *La Marquesa Rosalinda*, violín y flauta de un convencional siglo XVIII, consigue asemejarse a la honda poesía de un cuadro de Watteau; porque el sollozo de Arlequín ha pasado sobre la risa dionisiaca, y Rosalinda, al despedirse, no torna el rostro, para que nadie perciba una lágrima de verdad. No es poco que un drama o un poema puedan asumir, con delicada condensación, el jugo mejor de toda una tendencia estética. Y ese privilegio posee en sus primeras comedias Valle Inclán, con respecto al modernismo, dominador y renovador del gusto literario de la época.

Quedan un poco al margen *El Marqués de Bradomín*, teatralización muy suavizada de la *Sonata de otoño*, y *El yermo de las almas*, donde se plantea, sin gran fuerza teatral, pero con notable sensibilidad humana, el problema de la mujer enamorada, en ruptura con todas las trabas que, en el fondo, siguen turbando el irredimible sentido de la vida que le fue inculcado; situación que Valle Inclán observa y aprehende con valentía y con piedad. *El yermo de las almas* es el único drama de don Ramón en que éste se atiene a la pintura real y sencilla de un asunto contemporáneo, consiguiendo, sin embargo, que el lógico estilo coloquial tenga el ritmo y la elegancia expresiva de que nunca se desprendió su estupendo autor.

Después vendrán las horas asombrosas de Valle Inclán: los conjuntos dramáticos agrupados sabiamente bajo los títulos *Tablado de marionetas, Martes de Carnaval, Retablo de la avaricia, la lujuria y la muerte*. Refiriéndose a algunas obras allí comprendidas, proclamaba Valbuena Prat a Valle Inclán, en 1930, «el más moderno dramaturgo español de alta categoría». La poesía quedaba por encima del uso del verso o de la prosa, la ironía se agigantaba en sarcasmo formidable, los aldeanos o las mujerucas de la aldea galaica adquirían estatura de héroes clásicos. La armonía exquisita de las primeras obras —que llamaron «aristocrática falsedad» los precipitados de juicio— tornábase polifónico arrebato, de sonidos violentos que nunca eran discordantes, de colores chillones que rutilaban como en un cuadro de Van Gogh. La lírica melancolía de *La Marquesa Rosalinda* se sutilizaba en ironía maliciosa a lo largo de *La enamorada del rey*, donde el colorido de Watteau derivaba a la línea nerviosa y maligna de Longhi. Y la risa para todos estalla en la *Farsa y licencia de la reina castiza*, en cuyas toneladas de mala intención vierte sal por arrobas el endemoniado poeta, hasta obtener un prodigio de comicidad, donde la gracia franca mella el cuchillo de la malicia demoledora. La caricatura de vivos colores, el verso de riente calidad, el movimiento incomparable de los fantoches cortesanos, crean un modelo de farsa sin precedente y sin rival: el diablo los crió, y ellos se juntaron. Y tales factores lograron, con su mixtura de picardía y de cinismo, que la Reina Paquita, lista como el hambre y pendón como ninguna, resultase, en la ficción maligna, mucho más fresca y simpática que el personaje semihistórico que se pretendía satirizar.

En las cinco piezas del *Retablo de la avaricia, la lujuria y la muerte*, esquemático y eficaz complemento de las *Comedias bárbaras*, descuellan *La rosa de papel* y *La cabeza del Bautista*. Con razón se dijo que el final de esta última era «una elegía de ansia erótica de las más intensas que se hayan llevado jamás a la escena»; y la breve acción de *La rosa de papel* está manejada con tan certero pulso que su brutal desenlace no nos hiere con la pura animalidad que descubre, por más que tampoco la recate con el menor eufemismo. Ambos dramas, rodeados de un clima ambiental donde no son ociosos una palabra ni un gesto, pueden ser comparados a arrebatadores dibujos de Goya: el gran don Francisco, a quien el gran don Ramón declaró inventor del esperpento.

Martes de Carnaval reúne los esperpentos escénicos de Valle Inclán: *Las galas del difunto, Los cuernos de don Friolera, La hija del Capitán.* A la definición del esperpento dada por el propio poeta, que sabía muy bien lo que decía, cabe añadir glosas y comentarios innúmeros: el esperpento había de ser muy promocionado en un mundo que se alejaba, por las malas o por las buenas, de toda armonía. Y era precisamente una armonía insólita lo que conseguía Valle Inclán en sus farsas esperpénticas: lo que también lograron Goya o William Blake, retorcer la cara de la fealdad para que ésta se metamorfosease en belleza sin sacrificar un átomo de su catadura. El propio Valle Inclán decía que «la moral de la vida es ésa: ¡una armonía de contrarios!»; y aplicó su lección tan perfectamente que la gracia derrochada en los esperpentos es puro drama, y las contracciones feroces de sus personajes ácidos, ruines o gritones, nos proporcionan el estremecimiento que no deja de producir la presencia de lo hermoso. No hay ápice de alegría en los esperpentos: la carcajada del Martes de Carnaval precede a la lluvia gris del Miércoles de Ceniza que el propio Valle cantara en *La pipa de Kif;* en sus grotescos polichinelas vestidos de militares o de coimas no cabe otra grandeza que la inmensidad del ridículo, o la inflación de la vulgaridad. Y, sin embargo, no encontramos en la literatura contemporánea mejor ejemplo de abierta ironía, ni más fresco aguacero empapando los solemnes convencionalismos de una sociedad en derrota.

El esperpento se prolonga, con mayor acritud y con más doloroso realismo, en la sucesión de escenas de *Luces de Bohemia*. Esta obra, que parecía la más antiteatral de don Ramón y que tal vez no fue concebida fuera del libro, ha acreditado una explosiva vitalidad escénica. El público de hoy contempla el cuadro descarnado y sobrio, donde la burla cede el paso a la indignación, de los males de ayer, males que hirieron profundamente el corazón del país, causando llagas que no se cerraron todavía. Valle Inclán, desconcertante siempre, no presumía de fabricar lo que hoy se llama literatura social o protestataria, pero ningún dramaturgo de su época —ni de la nuestra— ha sabido trazar tan exacta diatriba de una situación; y ninguna declamación políticosocial rivaliza, hasta la fecha, en emoción real y, en efecto, contundente, con los gritos de la verdulera madrileña que lleva en sus brazos al hijo muerto por la descarga. Centra el cuadro trágico de la España esperpéntica —que no era, ni es, toda España— la silueta del bohemio Max Estrella, contrafigura, según dicen, de Alejandro Sawa, que opone al fracaso del país el propio fracaso de sus ilusiones de gloria: decepciones paralelas que eran resultado de una enorme desproporción entre propósitos y realidades.

Dentro de la profunda unidad de su creación,

las *Comedias bárbaras* muestran un semblante muy distinto de Valle Inclán. No veo rastro de ironía en esos grandes frescos del campo galaico, ensombrecido por la lluvia y por la miseria, alegrado por la sonrisa de las mozas que también sirven de alegría al señor. El realismo brutal de las codicias y de las lujurias alterna con la poesía inagotable de la fe y de la magia: fe que adquiere tan opuestas direcciones como la sumisión de los hombres borrachos y encelados ante la sugestión solemne de las «divinas palabras», o el sacrilegio plenamente asumido del soberbio hidalgo que tiene «miedo de ser el diablo». Sopla el viento nocturno cuando pasa la Santa Campaña y sopla también, en la chimenea leprosa, cuando «están a falagare» la Pichona y Cara de Plata en la yacija de aquélla. La ferocidad señorial, altanera y nunca cobarde, de don Juan Manuel Montenegro, degenera en torpe bandidaje, sin el menor atisbo de elegancia o de valentía, en la caterva de hijos paridos en mal hora por la esposa sumisa y resignada, cuya muerte llena el escenario colmado de tormentas y de odios de *Romance de lobos*.

Aquí Valle Inclán no condena ni se burla: con serenidad de poeta trágico, se enfrenta con el horror, y no se permite rictus de ironía ni posiciones de anatema. Sin embargo, los sucesivos lances de las *Comedias bárbaras* exceden, con mucho, en monstruoso, al aquelarre que se mueve en los esperpentos. Si la farsa tenía un enorme trasfondo trágico, la tragedia no admite el menor guiño de farsa: avanza sin vacilaciones hacia la muerte presentida por los sortilegios, hacia el parricidio, hacia la desolación. Mas los esperpentos y las comedias bárbaras no llegan a mostrarse plenamente antitéticos: ambas espléndidas tentativas coinciden en el crisol donde el poeta efectuaba su mixtura de belleza y de fealdad, de cielo tranquilo y de infierno desastrado. A pesar de la presentación reiterada de lacras y de espasmos, que alcanza su límite en algunas escenas de *Divinas palabras*, una belleza superior colma el espectáculo de la sumisión perdida en bajeza, y de la soberbia que desciende a bravuconada. Como en los esperpentos, el gran don Ramón emplea impecablemente sus saberes de alquimista, ese sentido de la fusión de contrarios que también poseyó en grado sumo William Shakespeare. Y no se lean intentos de comparación, que ni el inglés ni el español necesitan. La instauración definitiva del teatro de Valle Inclán sobre la escena que le ignoró tanto tiempo, es sin duda el acontecimiento más destacado y más feliz de todo un período del teatro español.

Las obras de don Ramón, sean en verso o en prosa, se imponen hoy por su enorme categoría poética, más perceptible aún en las segundas. De don Miguel de Unamuno (1864-1936) se ha dicho que era poeta antes que pensador o novelista, y esa calidad de poeta se hace también presente en su producción teatral, como ha puesto de relieve Francisco Ruiz Ramón con inteligencia y con mesura. Unamuno, como Valle Inclán, no pudo conquistar al público, y hubo de conformarse (si es que se conformó) con pálidas aceptaciones intelectuales. Dado el interés inagotable que la vida y el pensamiento de Unamuno inspiran, se presta hoy atención a su teatro, e incluso no es relegado al rincón de las vocaciones fallidas, pero continúan siendo muy improbables sus posibilidades de plena revalorización.

Creo sinceramente que Ruiz Ramón, en su *Historia del teatro español*, ha dicho cuanto hoy se puede decir de esencial acerca del fondo, de la técnica y de la orientación del teatro de Unamuno. Formula muy acertadamente el valor más decisivo de la labor escénica de don Miguel: lo importante del teatro unamuniano, desde el punto de vista de la historia del teatro occidental contemporáneo, es que su concepción del teatro como poesía dramática le lleva a desbordar el provincianismo psicológico del teatro español de comienzos de siglo, poniéndole en órbita de estricta «contemporaneidad», si bien comprende lo que tan reconocido valor pudo tener de relativo, al señalar «el fracaso de la dramaturgia unamuniana por defecto en el plano de la realización estrictamente dramática».

Cual indicó el propio Unamuno, el atributo fundamental es la «desnudez», que, como escribe Ruiz Ramón «determina y condiciona: 1) la supresión de lo que él llama «perifollos de la ornamentación escénica», es decir, decorados, trajes, utillería y cualquier tipo de efecto escénico que no dependa directamente de la palabra y de la acción; 2) economía de la palabra dramática por supresión de todo ornamento retórico y de todo rodeo oratorio; 3) reducción de los personajes al mínimo; 4) reducción de las pasiones o sus núcleos, y 5) esquematismo de la acción», todo lo cual reside en «una vuelta plenamente consciente a la fuente poética del drama».

Vemos que el fracaso inicial de Unamuno se debió en gran parte, como el de Valle, a la imposibilidad de acuerdo entre su designio artístico y las predilecciones de la masa. Pero ello no ha de significar que ambos escritores conquistasen la misma categoría en su constante y ahincada tentativa escénica. Hemos de reconocer que el teatro de Unamuno, pese a todas sus ambiciones, es una faceta interesante, pero no fundamental, del espíritu creador de don Miguel, en tanto que el teatro de don Ramón se eleva sobre toda la producción escénica española en nuestro siglo.

Los temas que don Miguel aborda son apasionantes, sin duda, y susceptibles de convincente desenvolvimiento dramático; el fallo de Unamuno consiste precisamente en no haberlo conseguido. *La venda, La esfinge, Sombras de sueño* ofrecen asuntos que nos infunden la nostalgia del desarrollo que tales inicios alcanzarían en más hábiles manos. Por discutible que sea la solución de *La venda*, con la trágica llamada de socorro a lo que puede no ser la verdad, es innegable el empuje poético y vital con que el conflicto ha sido planteado. El drama interior del protagonista de *La esfinge*, tiranizado por las tentaciones de la gloria tumultuosa y de la paz estéril, pudo tener una magnífica realización dramática: «Es un hombre que quiere creer y no puede: obsesionado por la nada de ultratumba, a quien persigue de continuo el espectro de la muerte», como le describe el propio Unamuno. *Sombras de sueño* precede a *El otro* en el tratamiento apasionado de la duplicidad de la conciencia. Comienzos sugestivos, intenciones ambiciosas que en ninguna de las obras citadas llegan, ni remotamente, al punto deseado.

Soledad se convierte en una fatigosa colección de parlamentos efusivos, que no imprimen huella de comprensión o de inquietud en el lector ni en el espectador; y *El hermano Juan*, compuesta en el momento propicio de la discusión en torno a la personalidad del seductor infatigable, no presta calor alguno al protagonista (concebido, por cierto, con atrevida originalidad), abandonándole en un contexto arbitrario. En cambio, hallamos una mayor viabilidad teatral en *Fedra*, y sobre todo en *El otro*. Es posible que en la primera fuese más intensa la sugestión perenne del episodio que la propia aptitud escénica de Unamuno: lo cierto es que su adaptación a nuestra época conserva la fuerza trágica y la savia humana de los personajes. *El otro*, abordando un problema de seguro efecto, y reduciendo a lo esencial —como quería siempre Unamuno— sus términos externos, consigue, por una vez, cierta eficaz gradación dramática, sin llegar, ni mucho menos, al rango de obra maestra. Desde luego, la riqueza de ideas es patente en el teatro unamuniano, de cuyos diálogos pueden extraerse muchos conceptos originales y acertadas observaciones, pero este nivel intelectual, disperso y desequilibrado, no basta para dotar de categoría real a los patéticos y desolados dramas de don Miguel, gritos de un poeta que clamaba en el desierto por él creado.

«Azorín» (1875-1967) ha sido llamado el poeta que nunca escribió en verso: efectivamente, no conocemos una sola estrofa de José Martínez

Ruiz (como tampoco la conocemos de Gabriel Miró), y, sin embargo, sembró de delicia poética centenares de artículos y de ensayos, docenas de íntimas y penetrantes narraciones. «Azorín» mostró siempre un convencido interés hacia el teatro, y cuando su nombre gozaba ya de prestigio inalterable, irrumpió en los escenarios con las más loables intenciones innovadoras. Tenía ideas propias acerca de lo que debía ser el teatro, y teóricamente al menos, no le hallamos desorientado. Pero el auditorio sí se desorientó ante unas comedias nada semejantes a las usuales, y prodigó su indignación en algunos estrenos de «Azorín». Este no renunció a sus ambiciones teatrales, y sus tentativas, nunca fructíferas por completo, fueron numerosas y dignas de estudio: *Old Spain, Brandy, mucho brandy, Comedia del Arte, Lo invisible, Cervantes o la casa encantada, Angelita, Farsa docente, La guerrilla...* No hemos agotado los títulos. «Azorín» aportaba al teatro su cultura refinada, su conocimiento de otros ámbitos escénicos, un delicado sentido del humor, un deseo de romper las ataduras de rutina y de vulgaridad que estrangulaban a nuestra escena.

Old Spain y *Brandy, mucho brandy* parecían casi antitéticas, por la oposición entre la placidez elegante, pero pródiga de intenciones, de la acción de la primera, y el agudo dinamismo de la segunda, que un público mal preparado bautizó de barullo. *Old Spain* brindaba una deliciosa figura de mujer (la condesita de la Llana) y los no menos deliciosos tipos de míster Brown, y don Joaquín, en tanto que el diálogo ofrecía, junto a la risueña agilidad de algunas escenas, descripciones y relatos que llevaban al escenario el aroma que impregna los artículos azorinianos cuando nos hablan de Castilla, de su luz serena y del dulce tiempo que se detiene. *Brandy, mucho brandy,* la farsa incomprendida, recuerda un poco a ciertas comedias inglesas con sus historias de herencias y de aparecidos, pero la comicidad es más tenue y el efecto más confuso, aunque la tonalidad general ascienda a un clima poético en la escena de los sueños de Laura. La tendencia sentimental se hace más visible en *Comedia del Arte,* con el contraste tiernamente patético entre la hermosa actriz triunfante y el viejo actor a punto de olvido; al mismo tiempo, la posible intención innovadora se dulcifica, y la estructura de la comedia se atiene a tradicionales normas, sin ganar ni perder ostensiblemente. *Angelita* y *Cervantes o la casa encantada,* con su juego del tiempo, seductor siempre para los dramaturgos poetas, se mantienen en una atmósfera irreal, tan pronto encantadora como blanda. Azorín, lírico del pequeño detalle, bienhumorado sin chispa, espíritu armonioso empeñado en cultivar un bullicioso dinamismo (que abandonaba a la menor tentación de contemplación estática y dulce) componía obras que no se asemejaban a ninguna del repertorio, pero que no por distintas se juzgaban superiores.

En realidad, lo eran, y mucho, en cuanto a elegancia intelectual, a consciente poesía, a ritmo inédito en aquel teatro. Tal superioridad puede apreciarse en la más lograda de sus concepciones escénicas: la trilogía *Lo invisible,* que de vez en cuando resucitan, con loable deseo y feliz resultado, las agrupaciones teatrales minoritarias.

Lo invisible es una sucesión de cuadros, de pequeñas historias que se centran, respectivamente, en la muerte presentida del ser querido, en la muerte que vemos a nuestro lado, y en la muerte propia: *La arañita en el espejo, El segador* y *Doctor Death, de tres a cinco*. En la edición de *Lo invisible*, precede a las comedias un prólogo de Azorín en el que por primera vez escucharon muchos jóvenes el nombre de Rilke. La trilogía se desarrolla con un ritmo perfecto, consiguiendo la impresión obsesionante con delicadeza y discreción, aunque en *El segador* se halle alguna ligera concesión al efectismo, culminando la sensación trágica, sin la menor exageración, en la sala de espera del doctor que ostenta el nombre de la muerte, y donde se verifica el tránsito al infinito y a la eternidad. La calidad del diálogo, los tipos, los escasos objetos que ornan la escena, se corresponden absolutamente con la orientación minuciosa y sensible que «Azorín» ostentaba en sus mejores páginas.

Desde luego, ni Unamuno ni Azorín poseían ese don de sugestionar al público que, después de su cuarentena, ha demostrado Valle Inclán; pero las obras de ambos ostentaban la huella de los respectivos temperamentos y de las respectivas cualidades, quedando siempre muy por encima, en cuanto a densidad intelectual, del repertorio corriente, por célebres y aplaudidos que fuesen los hábiles mantenedores de éste. Ambos realizaron, sobre la escena, misión de poetas: inquieto, meditabundo y apasionado el uno; inquieto también, pero detallista y comedido, el autor de *Lo invisible*.

Los hermanos Antonio (1875-1939) y Manuel Machado (1874-1947) tuvieron mejor suerte, pues sus comedias en verso no se apartaban de las rutas tradicionales, y más bien tenían a gala seguir el ejemplo, sencillo y vertebrado, de los grandes clásicos. Iniciaron su carrera con un excelente éxito: *Desdichas de la fortuna* o *Julianillo Valcárcel*, fiel todavía a la identificación entre el empleo del verso y la acción histórica, que en esta ocasión tenía por pequeño héroe a un garboso bastardo del conde-duque de Olivares. Los personajes poseían una dosis de realidad superior a la que solían mostrar los protagonistas del «teatro poético», y el diálogo se caracterizaba por su tersura y su naturalidad, sin concesiones a la tirada ostentosa ni a la vaciedad musical. Estas cualidades se observaron también en *Juan de Mañara*, en *Las Adelfas*, en *La prima Fernanda*, comedias de acción contemporánea donde el verso se hallaba un poco desplazado, conduciéndole al prosaísmo la honradez expresiva de sus autores; en cambio, la psicología de los personajes era fina, y bien conducida la trama. Los hermanos Machado, que se distinguieron también en refundiciones de comedias clásicas, tuvieron su mejor éxito con *La Lola se va a los puertos*, diestramente interpretada por Carmen Díaz. Una gallarda silueta de mujer, capaz de dejar desiertos los lugares de donde se ausenta, presidía la acción, concediendo a su posible rival una sentidísima lección de inteligente feminidad. La forma era más rica y sonora que en

101

las demás comedias, aunque siempre dotada de la sencillez que tanto amaban los poetas, hermanos en la sangre y muy distintos en la inspiración.

La duquesa de Benamejí, en que alternaban el verso y la prosa, combinación que solamente fue feliz en poder de García Lorca, y *El hombre que murió en la guerra*, escrita totalmente en prosa, no añadieron ninguna nota destacable a la aventura teatral de los Machado, siempre apreciables en la escena por el correcto equilibrio entre la versificación fluida y el cuidado de una acción construida con buen pulso.

También ha de ser citado don Pío Baroja (1872-1957), aunque su dedicación al teatro fuera esporádica y ocasional. La forma dialogada es muy eficaz, suelta y airosa en *La leyenda de Jaun de Alzate y en Paradox Rey*, no concebidas, desde luego, para la escena. Con escasas modificaciones de acotaciones o de diálogo podía llevarse íntegramente al escenario *La casa de Aizgorri;* y a veces se entretuvo don Pío en crear obras ambiguas entre el teatro y la narración, que no han de citarse entre lo mejor de su obra, aunque su lectura resulte curiosa e interesante: sirva de ejemplo *Nocturnos del hermano Beltrán. El Mayorazgo de Labraz* fue bien adaptada al teatro, reproduciendo diálogos de la novela; y algún cuento dialogado de don Pío se escenificó acertadamente: así *Adiós a la bohemia*, que en el escenario resultó finamente emotivo, siendo más adelante convertido nada menos que en ópera, con música de Pablo Sorozábal. *Arlequín, mancebo de botica*, juguete expresamente compuesto para el teatrito

«El Mirlo Blanco», animado por los hermanos del novelista, tiene un compás de farsa irónica y ágil, que se resuelve en movimiento verdaderamente teatral. Don Pío debió sonreír mucho escribiéndole, y no rieron menos los espectadores.

Pero el mejor acierto de don Pío Baroja como escritor teatral fue *El horroroso crimen de Peñaranda del Campo*, muy relacionable con el teatro de Valle Inclán por su despampanante poder de sátira, y por el enorme gracejo de los diálogos y de la estupenda caricatura del romance del crimen. Pequeña obra maestra de humor negro, *El horroroso crimen* tiene, desde el punto de vista teatral, el inconveniente de una escena final que un público hallaría anodina después de los lances presenciados, cuya burla gruesa y pimpante no carece de cierta bonachonería, aquella indulgencia de don Pío cuando no estaba de mal humor.

La tragedia *Guillermo Tell*, de don Eugenio d'Ors (1882-1954), fue representada no hace mucho, en medio de un ambiente desfavorable, y según parece colmado de prejuicios. No carece de novedad la visión de un Guillermo Tell decepcionado y abandonado, y aunque *Xenius* no pretendió nunca ser hombre de teatro, otorgó a esta tentativa el impecable lenguaje que cabía esperar, y una notable dignidad de tono. Claro que un intento de resurrección podía no ser afortunado, ya que, a fin de cuentas, *Guillermo Tell*, elevada de pensamiento y de concepción, no es, como pieza teatral, una obra maestra perdurable.

Tal ha sido la contribución al teatro de una generación de escritores difícilmente comparable, sea cualquiera el nombre o número con que se clasifique. Su aportación fue constante o efímera, pero siempre noble y desinteresada, situándose decididamente —porque podían— sobre una masa frívola que pocas veces les prestó atención. Peor para quien se perdió el regalo insuperable de una representación de Valle Inclán, e incluso el meditativo estremecimiento a que puede inducir una frase interrogante y desolada de Unamuno.

CAPÍTULO VIII

LOS INTENTOS PARA ADELANTAR EL RELOJ

Desde la segunda década del siglo hasta 1936 el teatro español fue feliz, con la dicha de la despreocupación. Los acontecimientos políticos, que no fueron pocos ni triviales, hallaron como único eco los acostumbrados chistes de seguro y fulminante efecto, además de los brochazos satíricos del grueso pincel de Muñoz Seca. La comedia ligera, el sainete madrileñista, el juguete cómico sin otra pretensión que la risa inmediata, la zarzuela con visos románticos, y la revista verde y verdísima mecían plácidamente a un público que no quería complicarse la existencia, y en cuyas filas causaba el cine abundantes e irreparables bajas. Algunos escritores de muy distintas tendencias intentaron airear una inquietud de difícil porvenir, dotando al teatro de una calidad intelectual que nadie exigía, o pretendiendo introducir novedades que traían sin cuidado a la sonriente masa espectadora. Los ejemplos no son numerosos, pero sí bien apreciables, simultáneamente, como emblemas de una actitud y como piezas literarias: mucho nos duele que aquellos autores limitasen su intervención a tan escasas tentativas.

En medio de la atonía general, destacó por su perseverancia en la captura de un triunfo nunca obtenido Jacinto Grau (1877-1958). Su obra es extensa, denodadamente proseguida durante muchos años; los éxitos eran modestos y llegó a existir contra el autor una absurda acumulación de suspicacias. Con infatigable energía recorrió Grau asuntos y géneros, hallando —no siempre— la estimación de críticos y literatos, y el formal desvío de la muchedumbre. Al parecer, Jacinto Grau arrastró el amargo orgullo del que se cree incomprendido, amargura que, por otra parte, al reafirmar la fe en las propias condiciones, evita la esterilizante conciencia del fracaso. El autor de *El caballero Varona* era uno de esos hombres penosamente iluminados, en quienes la vocación es superior a las aptitudes; su fervorosa dedicación teatral fue siempre más positiva que el talento que hallamos en sus obras, con no ser escaso. Jacinto Grau poseyó las condiciones de inventiva, de lenguaje, de instinto teatral, de cultura y de impulso poético, pero ninguna en el grado suficiente para forjar una obra maestra. El tiempo transcurrido nos permite gustar sus buenas cualidades, y comprender el patetismo de su caso: pero el entusiasmo continúa ausente, salvo ante *El señor de Pigmalión*.

Muy variados fueron los temas ambiciosamente abordados por Jacinto Grau. En los tiempos del teatro «modernista» y poético, estrenó *El hijo pródigo* y *El Conde Alarcos*, dramas que parecían adecuados para el sonoro verso de la época, y que, escritos en prosa, se antojan fríos, aunque su lenguaje discurra por cauces correctísimos de belleza formal. Ocurre lo propio en

Conseja galante, de menor entidad, y lo que pudo ser hálito de tragedia de *Entre llamas* se queda en retórica contemporánea de D'Annunzio. El mejor acierto de aquella etapa creadora se encuentra en *Don Juan de Carillana*, delicada interpretación del conquistador envejecido, nunca dispuesto a resignarse. La absoluta elegancia del lenguaje, la gracia del ambiente decimonónico, la suave fluctuación entre el garbo y la melancolía son virtudes de una comedia finísima, a la que, sin embargo, falta ese empuje capaz de seducir al público. El don Juan de Grau ocupa un lugar modesto, pero quizá insustituible, en la larga relación de encarnaciones del burlador.

El penacho de la aventura amorosa, ondeando junto a la aventura sin amor, parecía sugestionar a Grau, quien intentó crear nuevos tipos de varones privilegiados, o que se creen tales, en *El caballero Varona* y en *El burlador que no se burla*, sin conseguir otra cosa que la confección de dos medianas comedias. En la última etapa de Grau encontramos una clara derivación hacia la farsa que a través de *La señora Guapa*, *Los tres locos del mundo*, o *Las gafas de don Telesforo*, culmina en la nerviosa y lúcida invención de *En el infierno se están mudando;* el autor no se quedó encallado en una época liquidada, y supo evolucionar proveyéndose de un tono actual y ágil que, sin embargo, tampoco alcanzó la siempre buscada originalidad. *Destino* es el puro juego de un comediógrafo hábil, con largos años de técnica. Jacinto Grau había cambiado felizmente de estilo, evitando el relente anacrónico, pero su íntima inspiración, tan sincera y tan luchadora, no adquirió los soñados quilates, latiendo siempre una fatal distancia entre la intención y la realización.

A mi juicio, quedó salvada la distancia en *El señor de Pigmalión;* farsa en que se funden, con la altura y precisión requerida, poesía, ingenio, ironía e inteligencia. Un ingeniero con dotes de artista y de mago construye una serie de muñecos a los que dota de palabra y de entendimiento, lo que servirá para que adquieran conciencia y pasiones, para que entablen juegos de amor y de azar, para que se subleven, y para que el osado creador perezca a sus manos, rematado precisamente por el fantoche que simbolizaba, en su muda tontería, la paradisíaca inocencia. El movimiento de los fantoches, sospechosamente humano en todo momento, tiene el colorido y la alegría de la «comedia italiana» cuyos polichinelas inspiraron *Los intereses creados.* La muñeca se convierte en una mujercita deliciosamente vacía, que no sabemos si es más coqueta por muñeca o por mujer, dispuesta a ceder a cualquier halago de la vanidad o de la aventura. *El señor de Pigmalión* atravesó la frontera, y no fue mal visto en París y en Praga: realmente había cierta universalidad en su ingenio y cierta acidez en su poesía, que encajaban muy bien con el ritmo de los escenarios europeos, sumidos en el giro inteligente y demoledor de la farsa.

Manuel Abril (1884-1940), contemporáneo de Grau, muy estimado como crítico de arte de finas antenas y de comprensión rauda, infundió un donoso compás de ballet a su comedieta semi-infantil *La princesa que se chupaba el dedo,* casi opuesta a sus congéneres modernistas por su ironía dulcemente desenfadada; más tarde estrenó, con breves alardes de donosura juvenil, muy necesarios en el soso teatro de su tiempo, algunas comedias ligeras no exentas de humorismo poético, raro en aquel entonces: *Pero... ¡si yo soy mi hermano!* y *Se desea un huésped.*

Alejandro Mac Kinlay (1879-1938), brillante héroe de anécdotas, poeta ocioso y gallardamente desigual, fue autor de dos comedias poéticas, deplorablemente versificadas, pero adobadas con cierta jugosidad de colorido y de movimiento: *La danza de la cautiva* y *Bajo la capa de Arlequín.* Pero su óbolo interesante a la escena fue *El que no pueda amar*, leyenda que describe tres intentos desesperados —fríos en apariencia— del espíritu diabólico para abrazarse en ese fuego pasional que, según afirman, no arde nunca en el infierno. Su prosa, un poco enfática, pero bien construida, es más poética e infinitamente más correcta que sus versos, y aunque sus ambientes oriental y medieval tuviesen mucho de ficticiamente decorativo, el intento era plausible, y el lirismo que lo animaba garantizó la presencia de un dramaturgo con calibre de artista.

Ramón Gómez de la Serna, (1888-1963), otro magnífico Ramón de las letras españolas, mostró juvenil afición en las piezas que agrupó en los volúmenes *El drama del palacio deshabitado* y *Exvotos* y que, siendo simplemente un episodio de su enorme tarea literaria, apuntaban una nota bien personal en sus toques de poesía y de bien humano humorismo. Pero su aventura teatral destacada fue el estreno de *Los medios seres*, cuyo auditorio asistió, seguramente, bien dispuesto a sentirse sorprendido y escandalizado. *Los medios seres* subraya una vez más esa dualidad humana que tanto —y tan justamente— preocupaba a grandes comediógrafos europeos: cada personaje tenía sus zonas de luz y de sombra, sin que ellos mismos pudiesen discernir —como ocurre también en la vida— cual de ambas parcelas es la que en realidad ofrecen a la vista de sus semejantes, tan escindidos como ellos. Un hombre y una mujer que parecían destinados a la mansa felicidad conyugal encuentran en otros seres los complementos que les faltaban, la luz que desgastase su sombra, o la sombra que templase su luz. El éxito de *Los medios seres* no fue positivo, pero su lectura actual clasifica a la comedia, si no entre los frutos más granados de Gómez de la Serna, sí en un escalón teatral honorable por su acertado movimiento y por la tersa originalidad de su diálogo, cuya vivacidad no tiene nada que ver con la extravagancia de que tachó a *Los medios seres* una impresión superficial y no limpia de prejuicios.

¡Tararí!, de Valentín Andrés Alvarez (1891), se redujo a un magnífico acierto aislado, pues su ingenioso autor se limitó a reincidir, muchos años después, con otra comedia que no acusaba similar frescura: *Pim, Pam, Pum*. Refiriéndose a la composición de la primera, escribía el propio autor: «Como soy tan inconstante, no sé si este clarinazo fue una orden de marcha o un toque de silencio.» Más bien creeremos lo segundo, ya que el decepcionante estreno de *Pim Pam Pum* no pareció señalar una espiritual ruptura del asombroso mutismo de Valentín Andrés Alvarez. *¡Tararí!*, quizá por ser obra de un escritor a quien no preocupaban las leyes

del teatro ni las exigencias del público, tiene sabor a fruta madura, y en el dinámico desgaire de su acción respiramos una bocanada de aire libre, bien necesario y bien poco admitido en el teatro de entonces. La historia de los locos que se permiten juzgar a los cuerdos prestábase a muchas inteligentes piruetas, que el ingenio de Valentín Andrés Alvarez efectuó con perfecta soltura y con inesperado entrenamiento. El bullicio, tan equilibrado paradójicamente, de los locos se sintetizaba en una ironía de la que nunca estaba ausente la firme sonrisa de la travesura, dispuesta a encerrar, por cuerdo peligroso, a todo rasgo de amargura o de rencor.

Otra historia de locos nos fue contada, con originalidad sorprendente, por el torero Ignacio Sánchez Mejías (+ 1934). Este contaba con amistades firmes entre los intelectuales, y su muerte en el ruedo fue lamentada en inmortales elegías. Posiblemente nació de tal contacto su vocación de dramaturgo, pocas veces exhibida, pero no frustrada, *Sin razón* es un drama breve y escueto, sin duda influido por recientes y avasalladoras teorías: un hombre riquísimo, con experiencia propia del desequilibrio mental, y un doctor famoso crean un manicomio donde la obsesión de cada perturbado ha de convertirse en satisfactoria realidad. La casa de orates se transforma en imponente palacio, en el que reina una mujer alucinada por la promesa de un rey hermoso y soñado, que nunca llega: un peligroso ajedrez de realidad y de ficción se juega entre la reina, presa de una sensualidad idealizada, el protector de la casa, enamorado de la reina, y el doctor que, hombre al fin, dispónese a hacer demasiado efectivos los sueños de la gentil loca. Riesgo que tiene su culminación en la muerte del doctor, en medio de los opuestos delirios de su rival y de la reina. Exornado con muchos párrafos teóricos excelentemente escritos, el drama *Sin razón* tenía también una experiencia técnica y una fuerza trágica que apoyaban considerablemente al indudable interés del tema elegido, y a su excepcional planteamiento. Ignacio Sánchez Mejías compuso poco después una comedia, *Zayas*, de línea tradicional, redactada con soltura de verdadero escritor, que refería, con acertada pintura de tipos y delicadeza de sentimiento, una historia de torero alejado de sus laureles. Aunque los éxitos fueron totalmente halagüeños, Sánchez Mejías no retornó a los escenarios: su ausencia fue sensible, pues tanto *Sin razón* como *Zayas* afirmaban la fibra de un dramaturgo.

Mayor constancia ha tenido Claudio de la Torre (1897), que atrajo la atención con su juvenil *Tic tac*. Su carrera ha proseguido hasta hoy, sin éxitos rotundos, pero con deseos, no siempre fallidos, de originalidad, y con severa probidad literaria. A lo largo del tiempo, continúa siendo *Tic tac* su obra más representativa, y en su día fue ensayo afortunado de novedad y de inquietud. La armonía entre las escenas de gris y agobiante realidad y de ficción onírica estaba conseguida con discreción, sin inducir al público a desconcierto. Y los símbolos que se sucedían en el sueño del protagonista, enfrentado con arcanos de la vida y de la muerte, hallábanse asimismo bien concebidos, con una graduación acertada de la fantasía y de la emoción. El juvenil héroe, atenazado por la mediocridad, obsesionado por el destino, podía ser un precedente escénico y humano de los actuales rebeldes.

El rumbo de Claudio de la Torre no persistió en aquel sendero de ágil vanguardia. *Paso a nivel* y *El collar* significaron un retroceso, del que se repuso en la eficacia dramática de *Tren de madrugada* y de *Hotel Términus*. *La cortesana*, siendo obra menor, ostentaba la frágil belleza de su ambiente pretérito, y *El cerco* permitía apreciar las dotes de escritor y de dramaturgo de Claudio de la Torre, discretas y equilibradas, que nunca han llegado a colmar la promesa que *Tic tac* ofrecía.

Felipe Ximénez de Sandoval (1903), biógrafo apasionado de José Antonio Primo de Rivera, narrador sutil y desenvuelto, historiador de agudas facultades, llevó a la escena, en colaboración con Sánchez de Neyra, un intento de sátira política, titulado *Orestes I*, que ha de tenerse en cuenta porque su humorismo escéptico, y su acritud risueñamente cínica, no eran frecuentes cuando asomaban al escenario las preocupaciones políticas y sociales. Posteriormente, ambos colaboradores prescindieron de rasgos originales, y se limitaron a componer una agradable comedia de enredo mundano, *Baccarrat*, y *El pájaro pinto*, farsa de aventuras desarrolladas con no poco garbo.

A Francisco de Viu (1883-1932) se debe *Peleles* comedia de lo que pudiéramos llamar el «demimonde» madrileño, acompañada de algunas innovaciones plásticas —un decorado movible— que eran simplemente accesorias. Pero no dejaba de percibirse un punzante realismo en la barojiana serie de personajes y personajillos callejeros y cabareteros, y el eterno tema de la mujer perdida, y encontrada por el amor, se salvaba de la posible cursilería por la delicadeza de rasgos del personaje. El ligero carácter vanguardista de la obra se subraya por la inclusión de máscaras y de símbolos, por el mundo de engaño en que se introducía el joven vagabundo protagonista, y por la brisa de farsa, más tierna que irónica, que predominó en su desarrollo.

Paulino Masip (1900) mostró sensibilidad y penetración psicológica en *La frontera*, pieza rigurosamente sencilla, sin ninguna pretensión de innovación exterior, pero excepcional en su momento por las cualidades apuntadas. Historia de una frontera entre las almas, frustración de mutuos sentimientos que no pueden coincidir, por la oposición de razones muy superiores a las de un apasionamiento momentáneo. Historia de dos mujeres que pudieron ser amadas, y que no ceden a la llamada de la dicha, porque saben que ésta es imposible en las condiciones ofrecidas; situación difícil, manejada con tacto exquisito, con un cuidado en la matización de sentimientos que rara vez hallamos en el teatro de su tiempo, tan pendiente de los lances exteriores, y tan poco atento a esa «música del alma» a quien tanto debe el mejor teatro.

El báculo y el paraguas, nueva comedia de Paulino Masip, insistía menos en la nota delicada e intimista, narrando con soltura el episodio del escritor que deja de sentirse postergado por hallar a tiempo el apoyo inteligente de una mujer enamorada.

Ricardo Baroja (1873-1953), cuyos méritos de escritor han quedado muy oscurecidos por su carrera de pintor magno y por la vecindad abrumadora de su hermano Pío, es autor de la farsa *El Pedigree*, muy elogiada en su tiempo por quienes anhelaban nuevos caminos para el teatro español, deseo a que respondían, dentro de la modestia y libertad de la tentativa, el alcance irónico y la vitalidad y gallardía de la composición.

Manuel Gutiérrez Navas aportó al teatro un sonriente dinamismo que pudiéramos llamar cinematográfico. *¡Arriba!* y *¡Un tiro!* fueron saludadas como obras que vertían granos de sal muy moderna y muy sabrosa es un escenario anquilosado. Tal vez pueda señalarse un parentesco —no hablo de influencia— con Fernández Flórez en la concepción de los protagonistas, buenos muchachos empujados a una felicidad sin escrúpulos por un cúmulo de dichosas circunstancias, de esas que no suelen darse más que en las comedias juveniles y bienhumoradas. Ambas piezas estaban dotadas de alegría sana y de desenfado optimista, que ya no encontramos en una tercera comedia, *Me sacrificaré*, de muy conformista línea sentimental.

Pocas veces se da el caso de que un político en el poder se acerque como autor novel al escenario: siendo Presidente del Consejo de Ministros estrena don Manuel Azaña (1880-1940) su drama *La corona*, anteriormente publicado. Ni qué decir tiene que posteriores juicios han reflejado en exceso la posición política de los diferentes críticos o historiadores. Leída hoy con serenidad, *La corona* revela una calidad muy rara en el teatro de aquel tiempo. El lenguaje tiene en todo momento una tersura y una precisión admirables, y, cuando la situación lo requiere, un aliento poético de refinada estirpe, inesperado para quienes califican de glacial el espíritu de Azaña. Era preciso un poeta para crear el personaje ardiente del indómito Lorenzo el Estudiante, y un político experto para imaginar el astuto aplomo del duque Aurelio. Entre ambos, la reina Diana muestra, con muy humana simultaneidad, el señorío de su actitud y la llama invencible de su sentimiento: mantiénese leal bajo el fuego cruzado de las pasiones y de las ambiciones. Cada acto de *La corona* está presidido por un extenso diálogo, que bien pudiera llamarse dúo; Diana y Lorenzo en el primero, Diana y Aurelio en el segundo, de nuevo Diana y Lorenzo en el final, cuando la noche de amor y de fiesta va a convertirse en noche de crimen. Como bien advirtió Enrique Díez Canedo, la dimensión de dichos diálogos no ha de tacharse de lentitud, pues corresponde perfectamente, ineludiblemente, al desarrollo de la situación. Y hemos de afirmar también que el interés puramente dramático no decae en tales escenas, manteniéndose con ritmo seguro a lo largo de todo el drama. Hombre de letras y hombre de teatro: conjunción afortunada a la que no estábamos habituados, y que, por lo menos en esta ocasión, quedó evidente en Manuel Azaña. Con el paso del tiempo, serenador de tantas tempestades, puede admirarse, sin ditirambos que no vienen a cuento, y sin acritudes que nunca tuvieron razón de ser, la categoría intelectual y dramática de *La corona*, que tal vez no llegue a ser una obra maestra, pero sí feliz demostración de un riguroso criterio artístico aplicado al teatro.

CAPÍTULO IX

LOS AÑOS VEINTES QUE FUERON FELICES

Los autores citados en el anterior capítulo fueron, como ya advertí, excepciones elogiables, e incluso heroicas, en un ambiente teatral cuyo primordial filón residía en el vulgar entretenimiento, sea cual fuere el estamento social a que perteneciesen los espectadores, unánimes en su designio de simple diversión. Naturalmente eran muchos los autores que respondían a estos deseos, y no fue pequeño el crédito de que muchos de ellos gozaron. En el presente capítulo serán enumerados aquellos que más aplausos obtuvieron, algunos de los cuales no han sido olvidados todavía.

Estimo sinceramente que lo menor también tiene sus derechos, y por lo tanto no deben dolernos prendas en reconocer que ciertos autores merecieron sus efímeros éxitos por la fertilidad en la creación de personajes simpáticos, por la imaginación creadora de peripecias divertidas, o por el ingenio superficial, pero chispeante. Alguien englobó con gracia a buen número de estos autores bajo la cifra «teatro pobre, pero honrado». Lo que también nos obliga a reflexionar cuán doloroso es que, durante mucho tiempo, se haya contentado España con un arte escénico de tan modestas proporciones.

La mayor aura popular, como se decía entonces, correspondía a los autores que hacían reír, a los que el público se mostraba muy agradecido; y nadie divirtió tanto a las masas como don Pedro Muñoz Seca (1881-1936), bien solo, o en compañía de otros regocijantes colaboradores, entre los que fue el más asiduo Pedro Pérez Fernández (1885-1956). Su fecundidad fue comparable a la actual de Alfonso Paso, comprendiendo su creación centenares de títulos, premiados en mayoría con centenares de representaciones. El dislocamiento del «astracán» era muy propicio al ingenio grueso y fertilísimo de Muñoz Seca, el más acreditado representante de una comicidad sin trascendencia alguna, pero de irresistible efecto inmediato, provocadora de risotadas casi fisiológicas, y nada exigente en cuanto a finura o aticismo de los medios empleados. La caricatura en los personajes y el retruécano en las palabras eran los recursos intangibles del «astracán», y siempre se mostró fiel a ellos Muñoz Seca, aunque a veces incluyera en el guiso adobos de blandura sentimental; y con azúcar estaba peor.

En la primera época de Muñoz Seca pueden citarse, por lo mucho que hicieron reír, aunque hoy sea difícil —e inútil— salvarlas del olvido, varias comedias hilarantes como *La plancha de la marquesa*, *El verdugo de Sevilla*, *La barba de Carrillo*, *El condado de Mairena*, y sobre todo, *La pluma verde*, destacable ésta porque algunos de sus brochazos no carecen de los colores reales que no están de más en la sátira. Poco después se sucedieron los éxitos de *Los trucos*,

El chanchullo, La tela, El rayo, El espanto de Toledo, La caraba, Usted es Ortiz, María Fernández; comienza a predominar en el teatro de Muñoz Seca, como «héroe» casi paradigmático, el pillo de buen corazón, el «fresco» que engaña a todo el mundo para acabar querido por todos, y cuyo origen solía hallarse en aquellos tristísimos desempleos que obligaban a tantos hombres originariamente honrados a las más lamentables picardías. Los demás personajes que Muñoz Seca movía repetíanse con harta frecuencia: algún fresco de peor catadura, señoras gordas, tan pronto soeces como cursis, figurones desastrados, aristócratas muy semejantes a patanes, seres aquejados de algún defecto de pronunciación, para ampliar la base de los chistes malos, y una parejita amorosa a cuyo cargo quedaba la rosada pinceladita que se juzgaba imprescindible.

Sobrevenida la república, Muñoz Seca, que era ardiente monárquico, dedicóse exclusivamente a poner en solfa, exagerándolos si llegaba el caso, los aspectos ridículos de un régimen que distó mucho de ser una Arcadia. Se ha dicho que la agresividad chistosa pudo ser capaz de proporcionarnos el más violento cuadro satírico de la segunda república española; pero la extensa serie de comedias dedicadas a la guasa política —*La oca, Jabalí, El Ex, Cataplum, Los quince millones, El gran ciudadano, Anacleto se divorcia, Te quiero, Pepe*— no tienen apenas valor como tales documentos, por lo forzada de la caricatura y por la superficialidad con que se presentaban en aquella escena los conflictos de tan apremiante cariz y de tan trágico fondo. El público siempre propicio a la oposición teatral, lo pasaba en grande con aquellas estrepitosas burlas del régimen, y no me extrañaría que muchos adeptos al mismo figurasen entre los espectadores complacidos. Pero a la hora de las malhadadas rendiciones de cuentas, don Pedro Muñoz Seca pagó aquellos aplausos con su sangre.

Aún no hemos hecho constar los semblantes positivos del teatro de Muñoz Seca: aunque su conjunto sea un bloque de burda comicidad y de gusto pésimo, reconocemos que algunas de sus obras —*La tela*, por ejemplo— tienen una gracia tan infatigable como legítima, poseyendo también Muñoz Seca muy buen tino para la parodia. Además de *Usted es Ortiz*, muy bien inventado choteo de las obsesiones de doble personalidad y de las fantasías de ultratumba, es un rotundo acierto de malicia y de observación la parodia del género lírico en *Los extremeños se tocan*. Pero, sin duda, la mejor razón de estima para el ingenio de Muñoz Seca es *La venganza de don Mendo*, maravilla de fina gracia, en la que milagrosamente evita el autor todo riesgo de mal gusto, y cuya popularidad no se desmiente con el tiempo. Hasta las generaciones más jóvenes, totalmente ajenas a las predilecciones de aquella época, ríen de buena gana con ese pequeño prodigio de pimpante versificación, de inagotables buenos golpes y de gentileza paródica, que nos obliga a lamentar su casi total aislamiento en la dilatadísima vena cómica de su autor.

También fue muy popular el hoy olvidado Luis de Vargas (1891), que dedicó su teatro a una impertérrita exaltación madrileñista. Su comicidad era mucho más fina que la de Muñoz

Seca, y por eso se fundían mejor en sus comedias la risa y el rasgo suavemente sentimental. Sus cuadros y personajes de Madrid eran puro tópico, pero Luis de Vargas supo captar con agudeza y con salero el ambiente breve de la época del charlestón —*Charlestón* se tituló su comedia más divertida y más ovacionada— y sus tipos superfrívolos de niñas bien y de pollos pera. La citada *Charlestón, Los lagarteranos, ¿Quién te quiere a ti?, Don Floripondio,* y *Seis pesetas* fueron sus mejores éxitos, garantizados por la interpreación de artistas tan simpáticamente expertos como Loreto Prado y Valeriano León. Cuando el charlestón pasó de moda, la gracia menuda de Luis Vargas dejó de complacer al público, y sus últimas comedias fueron un pálido y cansino epílogo de las referidas, que tan buenos ratos proporcionaron con sus ocurrencias deliciosas.

El género madrileñista, que sobrevivió a la realidad de ciertos hechos y de ciertas costumbres, encontró una muy aceptable pareja de cultivadores de Antonio Asenjo y Angel Torres del Alamo, cuya aportación personal consistió principalmente en el acertado y garboso dibujo de sus protagonistas femeninos (figuran entre sus obras *Margarita la Tanagra, Rocío la Canastera, Las pecadoras* y numerosos libretos de sainetes líricos). Francisco Ramos de Castro, que irrumpió en géneros muy diversos, y halló aplausos en todos sin detenerse mucho en ninguno, es el autor de los libretos de *La del manojo de rosas* y de *Me llaman la presumida,* que continuaban celebrando el buen humor y el buen corazón castizos, el mantoncillo y la verbena, cuando ya Madrid se colmaba de otras urgentes, e incluso sangrientas, preocupaciones. Ramos de Castro estrenó también una aceptable comedia en verso de folletinesco tema andaluz, titulada *Mira qué bonita era* y una parodia bastante graciosa de aquel mismo género teatral: *Pare usted la jaca, amigo.*

Los hijos del muy prolífico Antonio Paso, llamados Antonio y Enrique, continuaron divirtiendo al público de acuerdo con el ejemplo de su progenitor, especialmente el primero, con quien colaboró a menudo Antonio Estremera (1884). Antonio Paso mariposeó (1895) en todos los géneros ligeros, y nunca aspiró a otra cosa que a regocijar al público con enredos desopilantes y con profusas ocurrencias, sin la menor intención de pintura de caracteres o de verdad de situaciones. Su gracia ligera, que no engañaba a nadie, era a veces de muy buena ley: si no empezamos con exigencias, algunos de sus enredos (*Los mártires de Alcalá*, por ejemplo) resultan divertidísimos; y no desdeñó el libreto de revista, al que debió rotundos éxitos, desde *Las mujeres de Lacuesta* a *Los jardines del pecado*, no aptas para señoritas y menores. Podemos enumerar otros títulos de sus comedias: *Noche de cabaret, Contente, Clemente, Tómame en serio.*

Entre los saineteros que mantenían la nostalgia del Madrid chulapo, cosechó buenos aplausos Pilar Millán Astray, una de las pocas escritoras que han cultivado el teatro con plena dedicación; sus piezas, donde no faltan los intencionados toques melodramáticos, son simplemente hábiles, correspondiendo sin duda la mayor popularidad a *La tonta de bote*. Destacaron también en su amplio y olvidado repertorio *El Juramento de la Primorosa*, *Mademoiselle Naná* o *Las tres Marías*.

Otros autores cómicos aplaudidos, pero de ningún relieve literario, fueron Luis Manzano, autor de *Doña Tufitos* y de *El difunto era mayor;* los actores y escritores José Marco Davó y José Alfayate; Jacinto Capella (1880), que colaboró habitualmente con José de Lucio (1884) *(A divorciarse tocan, Caramba con la marquesa);* y, máximos exponentes del inagotable género andaluz en los años treinta, Antonio Quintero y Pascual Guillén, nuevo «tandem» de colaboradores, cuya Andalucía, más que de pandereta, es de cascabel, pero que consiguieron mucha adhesión con las pinceladas bastas e inofensivas de *Oro y marfil*, de *La Marquesona*, y sobre todo de *Morena clara*, de enorme éxito popular refrendado por la adaptación cinematográfica en que tanto se lució Imperio Argentina. Años más tarde, fue Antonio Quintero, en unión de Rafael de León, el más constante y acreditado proveedor de letras de canciones para Conchita Piquer.

Por su olor de multitud, más que por otra cosa, podemos recordar a otro escritor andalucista: José María Granada (1896), autor celebrado de *El Niño de Oro* y de *La hija de Juan Simón*, nuevo capítulo en el historial inconmovible de la pecadora a pesar suyo, con navajazo, perdición de mocita, coplas flamencas y suicidio heroico.

Luis Fernández de Sevilla (1888), compañero en los carteles de Anselmo Carreño, viró desde la zarzuela *(La del Soto del Parral* o *Los claveles)* a la comedia que va y viene del casticismo madrileño al casticismo bético, igualmente convencionales: *El abuelo Curro, Las ermitas, Sevilla la mártir,* una de las raras comedias inspiradas por el malestar callejero de la república, *Madre Alegría* y *La casa del olvido,* con la visión lacrimosamente rosada de asilos y conventos, y *Estudiantina,* cuadro animado de la juventud universitaria de la época, comedia muy fiel en sus rasgos de comprensiva simpatía, pero totalmente ignorante de inquietudes más profundas y batalladoras. Estudiantina es, sin embargo, la obra más delicadamente matizada de una larga tarea teatral, variadísima de asuntos, pero cuyo valor no suele exceder los límites de una agradable destreza.

La «alta comedia» continuó persistiendo en los escenarios españoles, aunque ya no fuese designada con un nombre que parecía altisonante y arrinconado. Juan Ignacio Luca de Tena (1897), tuvo la fortuna de proporcionar un aire digno y moderno a temas que encajarían en la dramaturgia de Echegaray *(El dilema* y *La Condesa María),* dotando de finura mundana y de comprensión discreta a comedias gratas como *La eterna invitada* y *Las canas de don Juan.* Abordó incluso, con tacto y comprensión, problemas más difíciles, como el de la vocación religiosa estremecida en *Las hogueras de San Juan* y la melancólica y ardiente pasión otoñal en *Divino tesoro.* Su mejor comedia es *¿Quién soy yo?,* en la que se creyeron oír alusiones políticas, de muy viva actualidad, pero que puede sobrevivir perfectamente a las circunstancias, por la amenidad de un asunto arriesgado y deleitable, conducido con el mejor ritmo hacia el más agudo y original desenlace que pudo escoger el autor. En cambio,

124

su segunda parte *Yo soy Brandel* pareció limitarse a ser la consecuencia de un éxito, no del todo renovado al intentar su prolongación.

Posteriormente, Luca de Tena ha estrenado comedias deliciosas dentro de su ingravidez como *Dos mujeres a las nueve* y *Don José, Pepe y Pepito*, sueltas y gentiles de diálogo y de acción, y ofreció acertados montajes de pintorescas anécdotas históricas: *¿Dónde vas, Alfonso XII?* y *¿Dónde vas, triste de ti?*, de seguro impacto en una multitud añorante de regias consejas. No olvidemos la elogiable tentativa poética de *Espuma de mar* ni el precioso libreto de la zarzuela *El huésped del Sevillano*, escrito en colaboración con un escritor de felicísima chispa ingeniosa, Enrique Reoyo. Juan Ignacio Luca de Tena ha mostrado, en toda su carrera, un decidido amor al teatro como obra de arte y como espectáculo, un goce por la acción viva y por el movimiento colorido, un recreo en el juego con las formas teatrales —aun respetando rigurosamente la tradición— que encuentra su fórmula más propicia en el entramado de comedia, farsa y tragedia de *¿Quién soy yo?* aunque sea bien perceptible que, en tal maridaje de género, es la comedia, con su benévola sonrisa, quien sale ganando.

Honorio Maura (1886-1936) proporcionó a la escena española, en los felices años veinte, lo que pudiéramos llamar escorzo europeo. Junto a las plácidas comedias mesocráticas, donde persistía la sombra del brasero y de la brisca, y los eternos sainetes populacheros, Honorio Maura cultivó la comedia mundana, de ambiente burgués puesto al día, en la que se desarrolla el inmortal juego del amor y del azar. Comedia

125

que, por lo tanto, se acercaba a los modelos foráneos, pero eficaces, que integraban en aquel entonces la espuma, aún no extinguida, de la «comedia brillante», tan indulgente en sus asuntos como chispeante en el diálogo. Claro está que este teatro no era el más adecuado para introducir ninguna innovación profunda en el nuestro, que bien necesitado estaba, pero al menos avanzaba un poquito el minutero de un reloj bastante atrasado en relación con la hora europea. La psicología amorosa, coloreada sin matices de tragedia, tenía pocos devotos entre los autores españoles, con la excepción apreciabilísima de algunos títulos de Jacinto Benavente, y Honorio Maura supo abordarla en el cañamazo sutil de sus comedias.

Comedias frágiles, desde luego, aunque su cristal emitiese notas muy gratas al oído y al sentimiento; comedias, de gran agilidad expresiva, donde algún crítico halló «un aire vivo de deporte y de película», sorbos de champaña tras el prolongado sabor a cocido y a paella de los teatros madrileños. Las piezas de Honorio Maura eran casi siempre escuetas de trama y breves de dimensión, con pocas, pero indispensables, intervenciones episódicas en torno a la pareja protagonista. Esta toma parte, de muy buena gana, en «ese juego de prendas en quien paga quien no sonríe», y donde está terminantemente prohibido todo fruncimiento de ceño ante la libertad del amor, único manejador responsable de hombres y mujeres. Honorio Maura colaboró con Gregorio Martínez Sierra en dos comedias intrascendentes y traviesas, *Susana tiene un secreto* y *Mary la insoportable*, y en el divertimiento psicológico de mucha mayor entidad *Julieta compra un hijo,* de duradero éxito. Entre las más lindas comedias de **Honorio Maura** se encuentra *El buen camino,* cuyos personajes aceptan con resignada melancolía la renuncia que la llamada del deber impone, o mejor dicho, la conciencia de que no se hallaban en el camino de la felicidad. *Raquel, Cuento de hadas, Su mano derecha, La muralla de oro, La condesita y su bailarín, Como la hiedra al tronco* son otros títulos destacables en la producción de Honorio Maura. Este, por su desgracia, intervino en política (acreditando por cierto una mirada avizora en *El príncipe que todo lo aprendió en la vida),* y el autor español más amante, exteriormente, de la dulce vida y de la frivolidad benévola fue asesinado en 1936.

Otro comediógrafo de línea fina e inteligente fue Felipe Sassone (1884), autor de muchas comedias de cierto éxito, cuyo recuerdo se ha esfumado; y que, a pesar de haber nacido en Sudamérica, puede situarse aquí, por haber desarrollado casi toda su labor teatral en los escenarios españoles. En general, Felipe Sassone tenía muchas buenas cualidades de diálogo y de imaginación, pero rara vez dispensaba un acorde de verdadera originalidad, aunque lo intentase en algunas de sus mejores comedias, como *La maricastaña* y *Adán, o el drama empieza mañana.* Su teatro, abundante en conflictos familiares y sentimentales, que alguna vez adquieren cierta intensidad —en *Volver a vivir,* por ejemplo— era capaz de entretener al público sin recursos bastos, pero no sobrepasaba el nivel de una decorosa discreción. *La señorita está loca, La entretenida, No tengo nada que hacer, ¿Y después?* y *Como una torre* se cuen-

tan entre las obras más aceptables de Felipe
Sassone, con quien compartió aplausos su esposa, la gran actriz María Palou.

Mayor calidad tuvieron, en ocasiones, por
capacidad de emoción y por elegancia de diálogo, las comedias de Francisco Serrano Anguita (1887), que supo dibujar en *Manos de plata*
una silueta, muy eficaz escénicamente, del sinvergüenza a punto de redención. El teatro de
Serrano Anguita, que tampoco se atribuía intención innovadora alguna, exaltaba virtudes
burguesas, con la loa de la realidad indudable
frente al mito creado por la imaginación o el
prejuicio. El instinto combativo de la esposa de
humilde origen se opone a la abulia lamentable
del aristócrata atrincherado en apolillados conceptos de grandeza y de dignidad *(El río dormido);* el torero retirado, y que nada quería
saber de su antigua y aplaudida profesión, torna a ella para mostrar a su mujer la radical
diferencia existente entre el hombre de carne
y sangre y el héroe de cartel y de romance *(La
Paz de Dios);* la recién casada llega a comprender que la inclinación erótica hacia su cuñado
tenía más de veleidad novelera que de búsqueda
de un verdadero sentido de la vida *(Tierra en
los ojos)* o el hombre de escondidos sueños y de
frustradas ilusiones literarias acepta la protección de la actriz famosa, que le ofrece un ama-
ñado triunfo, hasta percatarse de que la unión
entre ambos obedecía más al sentimental y sensual capricho que a la fe en sus dotes de creador *(Siete puñales).* Una sostenida, y a la vez
natural, dignidad de diálogo acrecienta el excelente efecto teatral, rara vez demasiado «efectista», de las comedias de Serrano Anguita.

La fertilidad, y la variedad de registros, de Enrique Suárez de Deza (1908) han perdurado muy considerablemente en nuestra escena, por encima de tiempos y de modas. Suárez de Deza llegó al teatro muy joven, y con buena estrella, pues su camino se inició con el excelente éxito de *Ha entrado una mujer*. Los grandes aplausos le han acompañado con frecuencia, y por motivos muy diversos, pues sus obras son tan dispares de asunto como de categoría artística. Llegaríamos a creer que el principal distintivo del multicolor teatro de Suárez de Deza es la desigualdad. Sin insistir en la búsqueda de antecedentes o de influencias, siempre problemáticas, encontramos desniveles tan pronunciados como el que separa un melodramón deleznable cual *La millona*, de muy fuerte y lógico éxito de público, y comedias de fina y desenvuelta frivolidad como *Una gran señora* y *Escuela de millonarias*, a las que calificaríamos de operetas sin música, por su gentil parentesco con las mundanas fantasías musicales que hacia 1932 tornaban a reinar en Europa, con Lillian Harvey como rubia animadora. Suárez de Deza, cuando quería, mostraba la sonrisa inteligente y zumbona de *¡Oh, oh, el amor!*, o se perdía en los berengenales de madres e hijos de *Mamá ilustre* o de *Mamá Inés*. Aceptaba el providencial folletinismo de *Aquellas mujeres*, o emprendía senderos de muy justa preocupación estética y de anhelo fuera de lo vulgar en *F. B.* o en *El calendario que perdió siete días*. *Dan* pudo ser una tragedia política de médula firme y de reflesivas sugerencias, pero el ardid de la reina para que el heredero del trono no adquiera una gota de la sangre execrada abre paso de nuevo

129

al melodrama y al latiguillo declamatorio. No menos sorprendentes son las desigualdades del diálogo, tan pronto brillante como vulgar en las comedias de Suárez de Deza. En suma, podemos creer que el autor de *Lady Amarilla*, que no cesa de desconcertarnos con sus alternativas de ambición y de conformismo, es ante todo un enamorado del teatro, disperso en juegos malabares donde tan pronto le corresponde ganar como perder. Juegos muy peligrosos, por supuesto, para quien posea una verdadera conciencia de artista.

En un peldaño más inferior de la comedia dúctil y agradable se encuentra José Fernández del Villar (1888-1941), que pintó con toques ligeros a la pequeña burguesía de los años veinte. Muchos de sus tipos y situaciones son intercambiables con los de Carlos Arniches o de Luis de Vargas, cuando éstos permanecen dentro de un amable tópico. Su mayor acierto cómico fue *La educación de los padres*, que indudablemente hace reír, todavía hoy, con su saladísimo matrimonio de nuevos ricos, introducidos por sus engallados hijos en un mundo al que no se adaptan, y maldita la falta que les hace.

Cabe recordar también, entre los numerosos autores de comedias sin mayor personalidad, a Bartolomé Soler (1894), mucho mejor situado como novelista (*Batalla de rufianes, Guillermo Roldán, Tierra de fuego*); Nicolás Jordán de Urríes (*Ecos de sociedad, Las niñas de cuota*); los hermanos Jorge y José de la Cueva, muy apreciados como críticos, que dieron al teatro obritas pulcras y sensibles como *Jaramago*; Rafael López de Haro (1876), también más afortunado en el libro que en las tablas, insistió mucho en la escena sin lograr, ni merecer, verdaderos éxitos, a pesar de las calas de penetración humana que ensayó en *Ser o no ser* y en *Ella o el diablo*. Algunos autores nada prolíficos sorprendieron con el acierto aislado de una comedia de risueño talante y delicioso diálogo: así, el conde de Coello de Portugal (1868-1953) en *Mari Bel* y Fernando de la Milla en *Pirueta*.

Aparte ha de ser citado Tomás Borrás (1891), por su inclasificable talento y por los géneros que cultivó. Escritor de dotes privilegiadas, dueño de una fantasía polícroma, de un ingenio desenvuelto y de una personalísima capacidad de creación poética, dedicó algunos ocios al libreto de revista y otros a la colaboración con los espectáculos de Enrique Rambal, cuyos lujosos trucos gustaban mucho al eterno espectador ingenuo. En ratos mejores, Tomás Borrás fue uno de los escasísimos poetas españoles que consagraron su fantasía al libreto de ópera y al argumento de ballet. En obras tan poco multitudinarias en nuestro país sembró Tomás Borrás sus facultades de poeta ingenioso y brillante, cuyos libretos seducen sin precisar de que la música los acompañe. Exquisitamente editados, *El Avapiés*, *Fantochines*, *El pájaro de dos colores* y *El árbol de los ojos* se leen como no menos exquisitas experiencias de teatro poético cantado, que no cede al declamado en donosura literaria. No es menor la alegre belleza de la narración de los ballets, agrupada en los volúmenes *El sapo enamorado y Tam tam*, cuyas ediciones fueron un primor. En el activo de Tomás Borrás han de insertarse también el drama *La Anunciación*, la comedia en verso *Fígaro*, e incluso la comedia musical *El hombre más guapo del mundo*.

Ya que hablamos de teatro lírico, no creo justo olvidar a Federico Romero (1886) y Guillermo Fernández Shaw (1893), colaboradores que situaron el libreto de zarzuela a un nivel de verdadera altura literaria. Ambos reunían todas las condiciones de habilidad y de ingenio que exigíanse a los autores teatrales, y al mismo tiempo manejaban el verso con envidiables decoro y soltura. Las partituras que adornaban a dichos libretos garantizaron una serie impresionante de éxitos: *La canción del olvido, Doña Francisquita, El caserío, La meiga, La villana, La rosa del azafrán, Luisa Fernanda, La chulapona, La tabernera del puerto*, por citar solamente las más perdurables. Intentaron aclimatar la europea comedia lírica con *Las alondras*, encantadora y chispeante evocación de un París de estudiantes y modistillas. Emilio González del Castillo fue otro dúctil autor de melodramas de espectáculo, adaptaciones de operetas vienesas, y libretos de zarzuela y de revista, redactados también con gracia y corrección: recordemos entre sus numerosos éxitos los muy dilatados de *La calesera* —cuyo libreto era primoroso literariamente—, *Katiuska, La castañuela, Las leandras* y *Las mimosas*. Agreguemos a José Ramos Martín, autor de *La montería* y de *Los gavilanes*, y a José Tellaeche (1887-1948), fino evocador de otros tiempos en *La linda tapada* y en *El último romántico*.

Hacia 1933 se inicia el renombre de Adolfo Torrado (1904-1958), que presidiría toda una etapa cenicienta de la posguerra española. No queda rastro de su teatro, afortunadamente, pero pocos autores han logrado en vida mayor aceptación de la masa, que contrastaba con el ceño permanente de la crítica. Colaboró con Leandro Navarro, autor que gozaba ya de cierto modesto crédito, en *Los hijos de la noche, La papirusa, Los caimanes, La mujer que se vendió, Dueña y señora,* comedias que pertenecían por sus temas al más apolillado desván del viejo teatro, y que carecían por completo de estilo o de personalidad en el diálogo. Su enorme éxito sería incomprensible, si una experiencia milenaria no nos advirtiese de la imponente sugestión que el mal gusto ejerce sobre las masas, y todo el mundo podía quedar contento con los melodramitas de Navarro y Torrado, pues presentaban por milésima vez los sempiternos reconocimientos de madres e hijos, situándolos, claro está, en ambientes aristocráticos, con lo que se complacía de veras al público de palcos y butacas, y todavía más al de las localidades generales. Adolfo Torrado vivió durante la guerra en la zona nacional, y reafirmó lo que hemos de llamar su prestigio con *La madre guapa* y *El beso de madrugada,* que ahora permitían al público, siempre ganoso de evitar preocupaciones, una cómoda evasión a base de historias de madres abnegadas y de maridos volanderos.

Durante los primeros años de la posguerra se llegó a hablar de «torradismo» como emblema de toda una tendencia teatral, que aprovechaba la ausencia lamentable de toda competencia posible. Nadie atribuyó a Adolfo Torrado altas cualidades, pero el auditorio, a quien nada había enseñado el paso de la guerra, sentíase feliz con sus míseras novelas rosas escenificadas, realzadas, eso sí, por algunos grandes intérpretes muy superiores a su repertorio. Así se sucedieron las asombrosas aureolas que rodearon a *Chiruca*, *El famoso Carballeira*, *La duquesa Chiruca* y *Mosquita en palacio*, obras de pura carpintería, sin otro destello en su estilo gris que algún chiste muy fácil y los consabidos gritos o llantos. El teatro baratísimo de Adolfo Torrado señalaba la total liquidación de una época teatral, que recurría al más triste saldo después de los tropiezos del astracán, del falso sainete y de la comedia sin nervio. Pero todas las censuras que merezca el teatro de Torrado, y el justificadísimo olvido en que yace, no bastan a tranquilizarnos con la imposibilidad de una reencarnación, en el día menos pensado. Pues, por desgracia, el valor emblemático de aquel teatro —el único que puede tener— es precisamente el testimonio del eterno retorno del mal gusto en unas masas de cuyo total perfeccionamiento desconfíamos.

CAPÍTULO X

FEDERICO GARCIA LORCA
Y LA POESIA A ESCENA

Cuando todavía perduraba el teatro en verso, heredero de los grandes clásicos, de Zorrilla y de la vitalización modernista, surgía en España una generación de grandes poetas, equiparable a cualquier otra gran promoción lírica del mundo, y que sería, en nuestro tiempo, la más firme aportación española a la literatura universal. No todos los poetas de esta generación que tantos nombres ha recibido —y que, provisionalmente, ha conservado el de «generación del 27»— se acercaron al teatro, pero entre quienes experimentaron la mágica tentación de las tablas se encontraba el más alto poeta dramático español de nuestro siglo, Federico García Lorca (1898-1936).

Ya sabemos que la fama póstuma de Lorca ha sufrido diversos y no siempre desinteresados avatares: durante algún tiempo existió una aureola de mito en torno a su teatro, que sólo podía recordarse de oídas, pues la mayoría de sus obras no fueron impresas en vida del poeta, cuya popularidad acrecentaron hasta el infinito las circunstancias de su trágica e imperdonable muerte. Cuando, en 1946, arribaron a España las ediciones argentinas de las obras de Lorca, su lectura reafirmó a muchos en la admiración ya creada por dispersos y fragmentarios conocimientos de la labor poética. Pero algunos otros —los hasta entonces ignorantes entusiastas— hallaron la inevitable desproporción entre el monolítico prestigio creado, y la realidad, siempre sujeta a deslices. Alguien calificó a Lorca, bien desafortunadamente, de «gran poeta menor», y cuando su teatro asomó de nuevo, con todos los honores, pero con enorme retraso, a los escenarios españoles, no faltó tampoco quien juzgase, y no precisamente desde un ángulo reaccionario, alejado y atenuado el dramatismo lírico de *Yerma* o de *Bodas de sangre*.

No vamos a negar que, en toda creación teatral, existen elementos que caducan con el transcurso de los años. El teatro ha tenido siempre un punto de unión con el público en que predominan factores inmediatos o efímeros. Pero cuando nos hallamos ante un egregio poeta dramático —y eso es para mí Federico García Lorca— hemos de atender menos a esas inevitables sombras accesorias. En realidad, y si nos atenemos a las obras estrenadas en vida de Lorca, no fue muy grande la innovación técnica o formal que ellas aportaban: *Mariana Pineda* no se diferenciaba exteriormente de las piezas usuales del teatro en verso; y las obras que siguieron, al alternar con singulares sabiduría y sensibilidad el verso y la prosa, utilizaban lo que podemos llamar, sin ironía alguna, una técnica de zarzuela: es decir, que recurrían al verso situaciones dramáticas análogas a aquellas que en el teatro lírico demandan la intervención de la música. Los bellísimos fragmentos insertábanse así en el drama lorquiano, como las rutilantes «tiradas» en el teatro de Villaespesa o de Ardavín. La fulgurante belleza de las imágenes no era obstáculo a su claridad, y la sencillez recia de la acción no hacía presentir el preciosismo surrealista —y maravilloso a su vez— de ese desconcertante *Así que pasen cinco años* que nos cerca de sortilegios y nos apuñala de sugerencias.

Sin embargo, el teatro de Lorca contenía, desde su primer paso, una fuerza interna que equivalía a cualquier renovación, a la más amplia señal de liberación de nuestro teatro. Y esa fuerza estaba integrada, por una parte, en la poesía real e inédita que la animaba, y por otra, en su inmensa ebullición pasional. Pasión que ya no se expresaba mediante el alarido convencional, sino por medio de la imagen certera, del relámpago poético que trasformaba en verbo la más íntima vibración de la carne y del alma en concierto. Toda la obra dramática de Lorca es una intensa elegía de la insatisfacción erótica, una proyección del deseo —y del corazón— de la mujer hacia el hombre objeto de su delirio amoroso, que, en gradual trasfiguración, llega a no hacerse corpóreo en *La casa de Bernarda Alba,* precisamente porque su invisibilidad le permite invadir en mayor grado el cuerpo y la imaginación que le reclaman. En realidad, los héroes masculinos de los dramas de Lorca aparecen fugazmente sobre la escena: siempre están presentes en la nostalgia o en el anhelo de la enamorada, pero les obligan a la separación el viaje a lejanas tierras, como en *Doña Rosita,* la persecución política en *Mariana Pineda,* el hogar ajeno en *Bodas de sangre,* el peso insoportable del hogar propio en *La zapatera prodigiosa*, las convenciones ancestrales en *La casa de Bernarda Alba*. Toda una hoguera de erotismo insatisfecho se agita en lo más hondo, y en la epidermis, de las heroínas de Lorca, pero, poéticamente hablando, ese ardor insaciado sería bien poca cosa si no fuera acompañado de la ternura. Mariana, Yerma, doña Rosita, cualquiera de las protagonistas lorquianas, no son simplemente hembras: son mujeres con toda la capacidad maternal y emotiva, con el afán de una situación que es, sin duda, deleite corporal, pero también dulzura de afecto perdurable. Por algo el cristal, la nieve, la rosa, cifras de pureza y de luminosidad sobrenaturales, abundan tanto en las metáforas de Lorca.

Además, se ha de registrar una suprema innovación en el teatro poético de Lorca: la absoluta belleza de su palabra, la conjunción de imagen y de musicalidad en cada verso, la originalidad superior del poeta en relación con los muchos otros que escribían teatro versificado. Ya era bien perceptible esa sensibilidad delicada en *Mariana Pineda*, donde la tragedia de la heroína de la libertad decimonónica se expresa por medio de accesorios de lírica intimidad: crepúsculo granadino, clavicordio, romance de los niños antes de acostarse, flores en el búcaro, convento con morenas siluetas de infantiles novicias. Lirismo que sabe hacerse recio cuando la acción lo requiere, como en la magistral escena del segundo acto entre Mariana y Pedrosa, modelo de tensión dramática.

Mariana Pineda estaba totalmente escrita en verso, con variedad de metros a cual más límpido y fragante, salvo la relativa torpeza que

138

percibimos en los octosílabos aconsonantados, habitual y fluido medio de expresión de los poetas dramáticos españoles. Tal vez por huir de toda obligación de artificio o de «relleno», el poeta reservó en adelante la forma poética para aquellos momentos en que su libre inspiración lo exigía, prestando a sus personajes la voz florida de la canción popular o el grito sublime de la pasión desesperada. Las canciones nupciales de *Bodas de sangre*, el prodigioso coro de lavanderas o la dionisiaca romería de *Yerma*, la nana del caballo, con su melancolía insuperable, crean en torno a la acción principal una musical efusión que convierte a la tragedia descarnada en poesía viva. *Bodas de sangre* y *Yerma* son similarmente cálidas, movidas por un ímpetu paganizante que puede relacionarles lejanamente con la sensualidad sin trabas y sin fealdad posible, que es también cifra de Valle Inclán y de su mundo cálidamente desaforado.

La sugestión evidente de las tragedias citadas, suntuosas y ardientes, ha dejado un poco en la sombra (para algunos) a las que injustamente han llamado piezas menores de Lorca: *La zapatera prodigiosa* y *Doña Rosita la soltera*. Cierto que *La zapatera* no pretende grandeza trágica alguna, conformándose, lo que no es poco, con ese endiablado, fresco y colorista compás de ballet que culmina en el revoleo de las vecinas en torno a la heroína, con sus amplias faldas de mil colores. (Es bien sabido el decisivo papel que juega el color en el teatro de Lorca, tan atraído por la pintura). Pero su comicidad, fresca como servida en cántaro, y la deliciosa ternura que habita en el ánimo de la retrechera zapatera prestan calidad —la estupenda calidad de la gracia— a una farsa pueblerina que, por su movilidad apicarada, ha de ser comparada con *El sombrero de tres picos*, de Alarcón, con cuyos personajes y ambiente puede rastrearse también alguna semejanza.

Doña Rosita la soltera no ha de permanecer en penumbra. Nunca fue tan intensa la ternura de Lorca como en esta dulce y dolorosísima comedia de las pequeñas existencias frustradas. No sería injusto aplicar a Lorca el título de precursor de la reivindicación sentimental del siglo XIX que inundó cine, teatro y novela poco después de la muerte del poeta: toda la comedia es una exquisita estilización de la cursilería decimonónica, vista sin asomo de acidez, con una bondad que trasmuta en simpatía cuanto toca. Bondad inteligente, que consigue de lleno extraer poesía de la parodia, y que en el tercer acto eleva a la amable comedia al grado de la verdadera tragedia humana: la tragedia sin sangre de las pobres vidas abandonadas, decepcionadas, minúsculas, que no encuentran en su fracaso otro alivio que el apoyo, torpe, pero divinamente sincero, de otros seres tan fracasados como ellos, unidos por una melancolía donde no hay rencor posible, porque su bondad perpetuamente herida es incapaz de resentimiento. Mucho hemos de agradecer a Lorca ese caudal redentor de poesía y de cariño que derramó sobre los desdichados.

Ternura que es asimismo perceptible, y con qué inagotable impulso, en las escenas antológicas de *Así que pasen cinco años:* el diálogo del niño y la gata, el hechizo del maniquí vestido de novia. Será muy difícil reconstruir el secreto andamiaje de esta pieza pretendidamente surrealista, pero no nos preocupa inquirir enigmas, ante la realidad espléndida de esa concatenación de trazos fascinantes, del misterioso nocturno del bosque con sus payasos y sus guirnaldas, de la idas y venidas de personajes con calidad de rito, sin el menor resquicio de arbitrariedad. El nexo de que aparentemente carece *Así que pasen cinco años* resulta ocioso ante tal despliegue de poesía. Poesía que llega a una premonición de la actual farsa libérrima en la preciosa caja de música de *Don Perlimplín* y en las piezas breves y guiñolescas, en que la poesía hace el acostumbrado maridaje con la fantasía irónica; diferenciándose, eso sí, de la farsa contemporánea, por su absoluta carencia de acritud y por la juvenil inocencia de su malicia, de vieja y preciosa raíz andaluza.

Se ha dicho que *La casa de Bernarda Alba* era el mejor exponente del talento dramático de Lorca. Es cierto. Aquí el poeta se despojó de toda suerte de galas exteriores, para adentrarse en el corazón de la tragedia, tragedia de mujeres en ciertos pueblos de España, en los pueblos que Lorca conocía bien. Muéstrase el abandono del verso —salvo en dos momentos de plena justificación— como escalón nuevo y decisivo en la evolución lorquiana. Ya no hemos de hablar de teatro poético, si por tal entendemos aquel en que predomina el ropaje lírico; el lenguaje de *La casa de Bernarda Alba* es escueto, desnudo, prodigiosamente real, como real es el puntualizadísimo dibujo de cada una de aquellas mujeres, todas distintas entre sí, terribles o atemorizadas, secas o ardientes, cuyos rostros son tan estupendamente trágicos por su

141

verismo sin careta. En *Bernarda* hallaremos al Lorca dramaturgo enraizado en la plena realidad, arribado al punto maduro de una evolución consciente cuyas proyecciones no podemos medir.

Rafael Alberti (1902) amó el teatro, sin duda, pero lo ha cultivado con menos asiduidad y armonía que Lorca. Su obra es desigual. Estimo que su mejor acento se encuentra precisamente en su primer estreno: el auto *El hombre deshabitado*, bellísima síntesis del destino del hombre, sometido a designios que jamás podrá conocer: pieza audaz, perfecta técnicamente, y cuyo lenguaje sobrio es poético de la primera a la última línea. Se censuró mucho a *Fermín Galán* por sus excesos circunstanciales, que allí estaban efectivamente, pero la misma tonalidad esperpéntica de ciertos cuadros, y la frescura de algún efluvio de romance señalaron la presencia de un poeta. Algo semejante puede decirse de sus piezas de contienda *De un momento a otro* y *Noche de guerra en el Museo del Prado:* la primera vale más por algunos trozos sueltos —incluidos en los libros de poemas albertianos— que por el conjunto, muy del momento; y la segunda es notoriamente desigual, pese a la habitual riqueza y expresividad del lenguaje, sin que llegue a impresionar la simbólica zarabanda de los personajes brotados de los cuadros inmortales. También permanece frío el enlace de trascendencia y de ironía en *El adefesio*, aunque se deba admitir el deseo de profundidad que preside su concepción. Si *El trébol florido* y *La gallarda* no poseen soltura escénica en el grado deseable, emocionan, en cambio, por la maravilla del lenguaje albertiano, del que diríamos que canta como un río, por su trasparencia, su fertilidad y su inagotable sucesión de imágenes bellas, delicia del oído y de la imaginación. En cuanto a la adaptación escénica de *La lozana andaluza* baste decir que lleva en su título su mejor adjetivación: farsa lozana, con la lozanía de la sensualidad fresca y de la inspiración que siempre permanece joven.

También es desigual la producción dramática de Miguel Hernández (1910-1942), lo que no ha de extrañarnos dada la brevedad de su carrera. Pero, desde el punto de vista poético, el auto sacramental *Quien te ha visto y quien te ve*, que suele ser muy insuficientemente valorado, es una de las piezas más bellas que se han escrito en España en nuestro siglo. Cierto que su contenido estrictamente católico puede despertar prejuicios en ciertas sensibilidades, y cierto también que su enorme longitud no favorece su representación (y seguramente, una versión reducida atenuaría sus valores poéticos). Pero asombran la belleza y limpidez del verso, el gusto refinado en la elección de reminiscencias clásicas, un dominio experimentado de la forma que diríase punto menos que imposible en un poeta casi adolescente, como era Miguel Hernández cuando compuso *Quien te ha visto y quien te ve*. Además, y sea cual fuere su evolución posterior, Miguel Hernández aparece en *Quien te ha visto y quien te ve* como un poeta religioso que, por la limpidez de inspiración y la sinceridad del sentimiento, no tenía rival en su época. Más accesible a los lectores de hoy es *El labrador de más aire*, pero su inspiración es inferior, aunque el movimiento sea más hábil e incisivo, y aunque abunden los trozos en que el garbo popular ondea con plena sugestión poética. *Los hijos de la piedra* y las piezas cortas del *Teatro de guerra* no hubieran inmortalizado a Miguel Hernández, pero, con todo, y dentro de su esquematismo partidista, hallamos notas y acentos que un escritor vulgar no hubiera proferido.

En la madurez de su vida, sorprendió Pedro Salinas (1891-1951) con una tardía vocación teatral, que no fue un fenómeno esporádico, pues su producción consta de catorce piezas, doce de ellas en un acto; esta brevedad de dimensión de la mayoría puede indicar la óptima libertad en que Salinas creaba su teatro, pues ya sabemos que la obra en un acto tiene muy restringida su posibilidad de acceso a un público mayoritario. Recuerdo que Pedro Salinas tradujo exquisitamente varias comedias de Musset, elogiando al poeta francés por haberlas escrito sin pensar en un local abarrotado, sino en la lectura que crea en su imaginación unos personajes gemelos a los soñados por el poeta. Diríase que, más o menos conscientemente, han coincidido los propósitos de Alfredo de Musset con los de Pedro Salinas. Lo que no quiere decir que las comedias de éste carezcan de valores escénicos —como no carecían las de Musset—, pues el movimiento de los personajes es tan atrayente como la original concepción de las tramas, que vienen a ser una elegante superación del sainete tradicional en *La estratosfera* o en *La fuente del Arcángel*, con introducción de elementos, delicadamente irónicos, de muy acentuada novedad en el género; o que inciden en el perenne juego amoroso, estudiado con la precisión y la sutileza que no han de extrañarnos en Pedro Salinas, incomparable lírico del amor en *La voz a ti debida*. *La isla del tesoro* y *El parecido* son las comedias que mejor enlazaron la sugerencia poética con la introspección psicológica, en tanto que la ironía predomina en *Ella y sus fuentes* y en *Sobre seguro* con un tacto perfecto, sin una exageración ni un paso en falso Las piezas largas *Judit y el tirano* y *El director* tienen aliento suficiente para no quedar frustrada la ambiciosa y trascendente intención de que parten, pero no ofrecen en su conjunto la sensación de armonía y de mecanismo plenamente conseguido que infunden las piezas breves citadas. El público español no ha entablado aún relación, que yo sepa, con el fino y personalísimo teatro de Pedro Salinas.

También Gerardo Diego (1896) se acercó al teatro en su madurez, obteniendo el Premio Calderón de la Barca con su misterio navideño *El cerezo y la palmera*, donde engarzó anteriores y primorosos «versos a lo divino». Aunque el movimiento escénico sea escaso, no hemos de reprochar a Gerardo Diego lo que perdonamos a otros poetas, ya que la belleza lírica de la obra, procedente de la límpida y entrañable tradición navideña española, es grande y auténtica.

Capítulo XI

ALEJANDRO CASONA Y MAX AUB

El estreno de *La sirena varada*, de Alejandro Casona (1903-1965), previamente galardonada con el Premio Lope de Vega, tuvo en 1934 caracteres de revelación. En nuestro teatro, que se empobrecía hasta lo inverosímil —pues el ejemplo de Lorca no provocaba proselitismo alguno—, aquel diálogo refinado y aquel juego entre la cruda realidad y la ensoñación, se antojaron muy europeos, y capaces de contribuir a la ansiada renovación de la escena. *Otra vez el diablo* confirmó esperanzas sin acrecentarlas; y el estreno de *Nuestra Natacha* en 1936, fue, sin duda, el más estrepitoso de aquellos años. A pesar del carácter francamente polémico y partidista de la obra, *Nuestra Natacha* entusiasmó a tirios y troyanos, pues aquellos a quienes no agradaba el chafarrinón declamatorio del acto segundo complacíanse, sin embargo, con el ingenio de un diálogo a cuya frágil y simpática poesía no estaban acostumbrados. Poco después, la guerra civil significó el destierro para Alejandro Casona, a quien no dejaron de añorar los aficionados al teatro, sin distinción de posiciones políticas.

146

Alejandro Casona continuó su labor teatral en América, con paso no muy precipitado y segura cadena de éxitos. Mientras su obra fue conocida bajo palabra, se exaltaron sus cualidades geniales, y cuando llegó por fin a los escenarios de España, no regateó ovaciones el público. Otros torcieron el gesto ante el regreso de Alejandro Casona a su patria, y no fue lenta ni silenciosa la desmitificación. Pero el tranquilo público burgués —que, en realidad, no se había modificado mucho desde los tiempos de *La sirena varada*— admiró en el teatro de Casona, simultáneamente, el interés de una acción que «entretenía» considerablemente, y la finura de un diálogo que con escaso riesgo podía pasar por altamente intelectual, con lo que el honorable espectador presumiría, a poca costa, de refinado y de sensible.

Todas las comedias de Casona estrenadas en España han triunfado, dándose el caso curioso, pero no sorprendente, de que uno de los mayores éxitos correspondiera a *La tercera palabra*, que fue la más maltratada por la crítica. El examen de la totalidad del teatro de Casona permite comprobar que éste evolucionó muy poco desde *La sirena varada*, si bien es cierto que tampoco ha experimentado visibles decadencias. Sus cualidades positivas ya sabemos cuales son: trasfondo poético, lenguaje cuidado e ingenioso, virtud de movimiento teatral, planteamiento de problemas espirituales que, aunque sean tratados un poco ingenuamente, no son habituales en el teatro español, y un sentido optimista y benigno de la existencia, que buena falta hace en nuestros días. Pero semejantes virtudes conducen aparejadas sus propias debilidades: la poesía de Casona no es nunca muy profunda, el encanto evidente de su forma permanece en un apacible tono menor, la acción que parece encaminarse a la tragedia suele detenerse en el efecto escénico, y el optimismo de que Alejandro Casona hace gala se tacha hoy de anacrónico y «evasionista». En suma, es posible comprobar que el prestigio ganado por Alejandro Casona en el teatro español debióse una vez más, por desgracia, al tan repetido dicho del país de los ciegos.

Pero el hecho de templar los remotos entusiasmos en torno al teatro de Casona, no ha de significar en ningún caso su negación. Las virtudes apuntadas siguen existiendo, configurando un teatro de no muy alto alcance, pero de emotivo contenido lírico. *La sirena varada* es una pieza magistral, con su conjunto de personajes sorprendidos por la realidad de la que quieren huir, y es innegable la posición señera en el momento de su estreno. Se le aproxima en méritos *Prohibido suicidarse en primavera*, ficción preciosa, en cuya desenvoltura percibimos, realmente, una fragancia primaveral. *Los árboles mueren de pie* pertenece a la misma línea de choque entre la realidad y la ficción, choque que ha de resolverse siempre de acuerdo con una veracidad que se impone a las limitaciones humanas. Las invenciones diabólicas en *Otra vez el diablo* y en *La barca sin pescador* son muy divertidas, pero menos convincentes que la presencia de la muerte en *La dama del Alba;* registremos en esta última, tan bien lograda poéticamente, el formidable acierto de la escena en que la siniestra dama cede al encanto infantil, tomando parte en el juego de

los niños. No nos extrañe tampoco que Mefistó-
feles sea simpático, pues así lo ha establecido,
aun contando con Goethe, la tradición teatral.

Las tres perfectas casadas, *La llave en el desván* y *La casa de los siete balcones* han de contarse también en un balance positivo del teatro
de Casona. Los dramas y comedias que suceden
en otros tiempos —desde *La molinera de Arcos*
a *El caballero de las espuelas de oro*— rozan
peligrosamente, a pesar de muchos encantos
exteriores, la superficialidad vistosa de las pe-
lículas en tecnicolor, en tanto que *La tercera
palabra* se inscribe decididamente en el pasivo
del autor. *Siete gritos en el mar* está manejada
con demasiada picardía escénica: sus personajes, y la premonición de su fin, suenan a algo
ya muy visto en la pantalla, o en el teatro de
otras latitudes. Con todas las reservas apuntadas, la obra de Alejandro Casona ocupa un lugar muy honroso en el panorama del siglo, por
su indudable elegancia intelectual y por su inalterable fe en el destino positivo del hombre.

Max Aub (1903-1972), cuya extensa producción
teatral es prácticamente desconocida en los escenarios españoles, era autor, antes de la guerra,
de numerosas piezas, más destinadas entonces
a la lectura que a la representación. Literariamente suponían ya un avance considerable sobre la perezosa y cómoda apatía de los espectadores, nunca dispuestos a aceptar osadías intelectuales, o signos de innovación. *Narciso* o
Espejo de avaricia, que son las más notables entre aquellas primerizas y originales tentativas,
no podían confiar en su admisión en los escenarios; y no sé si su inquieto autor depositaría
alguna ilusión en ello. Pero el lirismo de la pri-

mera y la descarnada ironía de la segunda señalaban el advenimiento de un artista de veras entre los honrados obreros del teatro español.

Durante la guerra, compuso Max Aub piezas de circunstancias, con la visión unilateral de la realidad y de la contienda, propias del momento. Pero, posteriormente, en el destierro amargo, ha cimentado una doble empresa de novelista y de dramaturgo, que sitúa a Max Aub entre los más importantes cultivadores de ambos géneros. Ateniéndonos a la labor teatral, hallamos que ésta es muy superior a la de Casona en hondura de pensamiento y en palpitación existencial, no siendo inferior en valores puramente dramáticos. Es doloroso que los dramas de gran aliento de Max Aub no hayan llegado a nuestros escenarios, y también el hecho significativo de que los empresarios americanos no los acojan con entusiasmo porque, como el mismo autor dice, no les atrae su «insistencia en los temas políticos que, en general, interesan poco al público de habla española». Y no estaría descaminado el público si los temas de Max Aub fueran simplemente «políticos», en un sentido partidista y polémico. Pero la importancia, la grandeza, de este teatro consiste en que, en sus mejores horas, trasciende la palpitante circunstancia para identificarla con la permanente categoría de la lucha del hombre contra el hombre (o contra la sociedad, si se prefiere el eufemismo). *San Juan, Morir por cerrar los ojos, El rapto de Europa, No* y *De un tiempo a esta parte* reiteran, con magistral sensibilidad, el agudizado problema del individuo acosado por las fuerzas simultáneas de la crueldad y de la cobardía, por el egoísmo de unos que ampara a la tiranía de otros, por la fuerza desencadenada en toda época, y con más rigor en la nuestra, que en nombre de tales o cuales sistemas o ideologías persigue a los hombres que pudieron ser felices, los acorrala y los transforma, por medio de la persecución y de la muerte, en perennes y mudos acusadores de la injusticia. *San Juan* y *No* son, a mi juicio, verdaderas obras maestras, bien raras en el teatro testimonial. Porque la pintura certera de caracteres hace de cada personaje un ser prodigiosamente vivo, y la aguda sensibilidad del autor no concede la menor beligerancia a la retórica declamatoria que otros hubieran empleado. Las situaciones, trágicamente reales, del buque de judíos abandonados y del muro divisorio entre dos mundos igualmente hostiles se iluminan, simultáneamente, por una contextura dramática de primer orden y por la consistencia que adquieren los diversos y humanísimos protagonistas.

La variedad de registros de Max Aub se confirma en los dramas de tema amoroso, entre los que sobresale *Deseada*, y en los que, por cierto, no suele estar ausente la participación del problema social o político en el conflicto erótico, poniendo una vez más de relieve la tristísima deshumanización a que obligan las fatalidades ejercidas en nombre de la guerra o de la raza. *A la deriva, Tránsito* y *Comedia que no acaba,* piezas en un acto, dolorosamente sobrias y veraces, presentan ejemplos de esa fatalidad quizá más dura que el destino de las tragedias griegas, pues se ejerce por manos de los propios hombres y no de los dioses lejanos. Por supuesto, la belleza literaria de estos breves y sobrecogedores dramas, está a la altura de la profundidad de su atormentada intención.

Otras facetas se citan en el teatro de Max Aub, excelentemente estudiado por Francisco Ruiz Ramón y por José María Monleón, que le dedica todo un libro, con harta justicia. El «teatro policiaco», las obrillas satíricas, la *Jácara del avaro*, otras piezas más discursivas, pero no menos interesantes, a las que Ruiz Ramón califica de «ensayos dramáticos», y las piezas breves de *La España de Franco*, cuyo valor disminuye por la caída en prejuicios e inexactitudes, merecerían citarse más dilatadamente. En conjunto, Max Aub, que no presume de poeta, ha creado un teatro de gran dimensión poética, y cultivando los temas que él llama políticos, los ha dotado de una viva realidad humana. Precisamente porque la posición del autor suele estar por encima de todo interés o contingencia, y aplica su propio dolor y su talento a la cruel interrogante que, en toda alma noble, produce el dolor de los demás.

Capítulo XII

JARDIEL PONCELA,
EL HUMORISTA INDISCUTIBLE

El teatro de humor de Enrique Jardiel Poncela (1901-1952) fue la única novedad a cara dura que aceptaron los espectadores españoles entre los años treinta y cincuenta. Su popularidad tardó en afianzarse, conoció una cúspide, y luego un declive que se achaca a los clanes que no perdonaban el buen humor de sus comedias y el mal humor de sus prólogos. Una justa rehabilitación ha seguido a su muerte, y hoy muchas de sus obras despiertan la risa y la sonrisa como en los mejores tiempos, además de reconquistar los sufragios de una juventud exigente. Precisamente en esa facultad de alentar, una tras otra, la risa espontánea y la sonrisa inteligente está la máxima virtud de Jardiel Poncela, único humorista de verdad que hallamos en el teatro español del siglo, antes de Miguel Mihura.

Y llamo a Jardiel Poncela humorista de verdad porque él mismo afirmó, no sin valentía, que su teatro cómico tenía padre y madre: un padre que se llamaba humorismo y una madre que se llamaba poesía, única unión legítima que puede engendrar al humorismo auténtico. El propio Arniches, Muñoz Seca, García Alvarez, los grandes administradores de la carcajada multitudinaria, tenían muy poco de poetas, y por eso su ingenio, fecundo e innegable, no alcanzaba nunca esa dimensión intelectual a que muchas veces llega Jardiel. El hecho de proclamarse poeta constituye de por sí un rasgo que honra para siempre la actitud de Jardiel Poncela y nos garantiza la categoría y la honradez de su humorismo.

Jardiel Poncela conoció, en plena juventud, la celebridad que le proporcionaron sus osadas caricaturas de la novela erótica y aventurera, con largos títulos desconcertantes y no menos largas cadenas de episodios en que la burla constante y el desenfadado sentido de la realidad expulsaban a toda fruición de pornografía. En sus primeras comedias, en cambio, mostrábase extremadamente comedido en cuanto se refiere a atrevimientos de cualquier género: *Una noche de primavera sin sueño, Margarita, Armando y su padre, Usted tiene ojos de mujer fatal, Un adulterio decente,* se atenían, en cierto modo, a las normas admitidas en el teatro cómico, pero mostrando en el ritmo de los sucesos y en la gracia del diálogo bien fresca originalidad de ingenio. Otros autores cómicos, cuando pretendían contrarrestar de alguna manera el ímpetu de las carcajadas, recurrían a un alarde sentimental, en el que generalmente se les iba la mano. Jardiel Poncela, en cambio, templaba la risa dionisíaca de sus obras con escorzos de fino humorismo, con frases que limitábanse a alentar la sonrisa (a veces tan forzadas, justo es reconocerlo, como tantos chistes de Arniches) y alejaba a sus personajes de

154

todo exceso de figurón. *Usted tiene ojos de mujer fatal* es, como sabemos, la trasposición escénica de la novela *Pero... ¿hubo alguna vez once mil vírgenes?*, y la comparación entre las dos obras nos permite comprobar el tacto con que Jardiel Poncela convirtió en insinuación elegante la sensualidad desenvuelta de la novela; y lo logró con honestidad absoluta, sin emplear el color rosa para empañar el verde subido de su paleta. *Usted tiene ojos de mujer fatal* es una comedia equilibrada, que mantiene íntegros los sucesivos cinismo y apasionamiento del moderno don Juan que novela y comedia tienen por protagonista.

La encantadora parodia *Angelina o el honor de un brigadier*, nos demostró, en primer lugar, que Jardiel Poncela manejaba con chispa y soltura el verso escénico, y después, que sabía evocar sin acritud los matices de una época —fin del siglo xix— todavía no purificada por la nostalgia; y continuamos observando el gusto excelente con que el humorista evitaba todo exceso chocarrero, sin que por eso disminuyera la delectación complacidísima del público. En este rumbo ascendente llegamos a *Las cinco advertencias de Satanás*, donde la poesía predomina sobre el humorismo, para encontrar poco después un acuerdo del inmejorable matrimonio en *Cuatro corazones con freno y marcha atrás* y en *Un marido de ida y vuelta*. Ambas comedias, que integran, con *Eloísa está debajo de un almendro*, el más bello instante creador de Jardiel Poncela, se caracterizan por una mayor audacia en su movimiento, por esa libertad que tanto alabamos en Jardiel, quien ya se decidía a escapar de los límites de la comedia tradicional, para pasear alegremente por los vivos senderos de la farsa.

Este fue el paso decisivo para arribar a aquel teatro soberanamente libre, en que el ingenio campa por sus respetos, asomando por donde quiere, engarzando explosivas entradas y salidas, lances inesperados, buenos golpes innumerables que a veces calificaríamos de espléndidos fuegos de artificio. Libertad que adquiere sus plenos derechos en las comedias citadas, precisamente por apoyarse todavía en ocultos y sólidos frenos de inteligencia, dispuesta a no permitir abusos. Inteligencia que, acompañada de una imaginación brillante, regía el encadenamiento de divertidísimos episodios de *Cuatro corazones con freno y marcha atrás*, rematados en delicioso desenlace lírico; las estupendas aventuras que, en *Un marido de ida y vuelta* le ocurrieron a Pepe después de muerto; y ese alarde de ocurrencias imprevistas, con frescura y originalidad a prueba de bomba, que es *Eloísa está debajo de un almendro*, quien nada tendría que aprender de los actuales renovadores de la farsa. Tenía razón el propio Jardiel al apreciar que su único libreto de opereta *Carlo Monte en Monte Carlo* poseía consistencia literaria muy superior a la exigible en el género, pero lo triste del caso es que el público no pedía tanto en una obra acompañada de música...

Mas la libertad también es exigente, como es lógico, y se hastía pronto de toda suerte de frenos. Los éxitos de *Los ladrones somos gente honrada*, *Los habitantes de la casa deshabitada*, *Es peligroso asomarse al exterior* ponían de relieve el peligro de que la farandola de ingenio y de inventiva concluyese en zarabanda. Tornaba a advertirse lo que ya se acusó en alguna comedia anterior de Jardiel: la felicidad de un planteamiento que prometía un desarrollo asombrosamente original, y que luego zozobraba en una acumulación de episodios y de personajes, divertidísima eso sí, pero basada —cada vez más— en una inquietante carencia de armonía. La construcción lineal y sólida apreciábase aún en *El amor sólo dura 2.000 metros*, rudo fracaso en medio de una avalancha de éxitos, porque el público, acostumbrado ya a la perenne alegría de las comedias de Jardiel, permaneció frío ante la larga disección acusatoria de unos hábitos y de un país que estaba muy lejos para que lograra apasionar la sátira amarga contra él dirigida (hoy tal vez no ocurriera lo mismo). Dura debió ser la experiencia de Jardiel en Hollywood para fructificar en tan penoso cuadro, en el que, sin embargo, comprobamos mayor indignación honrada que resentimiento.

Jardiel continuó estrenando, añadiendo a su teatro nuevas explosiones de libertad creadora, sin superar la originalidad armoniosa de *Cuatro corazones* o de *Eloísa*. El ingenio fluía con intensidad, pero con desorden, y llegó a ser mecánica la opinión de que Jardiel Poncela era incapaz de rematar airosamente cualquier obra felizmente iniciada. En efecto, muchas de sus comedias dan la razón a este tópico, y sus primeros actos nos infunden la irreprimible nostalgia de lo que pudieron ser. Ya es grave el criterio de Ruiz Ramón cuando estima que, en la mayoría de la obra de Jardiel «sobreviven con plena vitalidad y conservan toda su vigencia menos piezas enteras que actos, cuadros, escenas o momentos de ellas, estos dignos todos de una antología del mejor teatro cómico español». La novela y el teatro no son antologizables fragmentariamente: en realidad, para cualquier obra que aspiró a ser entera y coordenada, la salvación en un libro de trozos escogidos no se diferencia mucho de la perdición.

Por desdicha, comparto el criterio de Ruiz Ramón en cuanto al carácter fragmentario de las notas perdurables de Jardiel. Pero también coincido en atribuir el carácter de obras vertebradas y sólidas a *Cuatro corazones con freno y marcha atrás* y a *Un marido de ida y vuelta,* títulos a los que yo me atrevería a añadir varias más, entre ellos *Las cinco advertencias* y *Eloísa está debajo de un almendro.* Y si quedamos conformes en reconocer la perfección y la originalidad de estas obras, si sabemos que en torno a ellas gira todo un pequeño universo de comicidad personalísima, démonos por satisfechos, pues ya se ha proporcionado a Enrique Jardier Poncela una sólida base de perduración. Y no se ha de olvidar su importancia en la evolución del teatro español, la revolución escénica que, burla burlando, llevó a cabo; su situación única en el extenso, pero no muy lucido panorama de nuestro teatro cómico, puesto al día por un humorista a quien, como ya dije, hemos de agradecer siempre su condición de poeta.

Cuando ya Jardiel Poncela era bien conocido de lectores y espectadores, en 1934, estrenó la comedia *Margarita y los hombres* el ya apreciado escritor humorista Edgar Neville, conde de Berlanga de Duero (1899-1967), experto, como Jardiel, en escarceos cinematográficos.

Margarita y los hombres, estrenada en el mismo año de *La sirena varada* no tuvo la resonancia intelectual de ésta, ni tampoco merecía tanto, pero acusó una interesantísima fusión de humorismo y de sensibilidad. La historia de Margarita, la fea que sueña con imposibles galanes, y que se transforma en belleza codiciada gracias a un providencial accidente y a la subsiguiente operación de cirugía estética, era conducida con ritmo gentilmente cinematográfico, capaz de sorprender en el ámbito de vulgaridad del teatro al uso. La reacción de la madre, inconsolable ante la creada hermosura de su hija, a sus ojos «desfigurada», era un «gag» de impresionante inventiva. La comedieta estaba cercada de riesgos de color de rosa, pero los vencía sin esfuerzo, con agilidad y con esbelta gracia juvenil.

Pasaron muchos años hasta que Neville decidiese retornar a la escena, a pesar de los augurios prometedores que no faltaron en su primer estreno. La reaparición no pudo ser más afortunada, pues la comedia *El baile* obtuvo uno de los éxitos más claros y rotundos de la posguerra española. Es una comedia leve, cuyos signos más apreciables son la ternura y el tacto con que el autor trasmuta en platónico triángulo lo que podía ser un juego peligroso, o algo peor; así como la finura en la evocación de un pasado próximo que todavía impresionaba en el escenario o en la pantalla, aunque ya adquiriese méritos sobrados para empalagar. Animado con el éxito de *El baile,* Edgar Neville asomó de nuevo a la escena con una sucesión de comedias suavemente humorísticas: *La vida en un hilo, Adelita, Veinte añitos, Marramiau,* que es una de las mejores, *Alta fidelidad*. Pero no volvió a encontrar la perfecta fusión de dulzura y de ironía de *Margarita y los hombres* ni el sentimiento convincente de *El baile:* su humorismo tiene esa exquisita justeza de apreciación de los hombres de mundo, benévolamente escépticos, y por eso abunda en observaciones acertadas y en detalles deliciosos; en cambio, el hilo argumental resulta con frecuencia inhábil, y aunque Neville emplea generosamente el maridaje de humorismo y de poesía caro a Jardiel Poncela, su humorismo no es siempre eficaz y su poesía es de tono menor. Fue una lástima que perdiese el punto de perfección a que llegó en *Margarita y los hombres,* pues sus piezas, con unos quilates más de fuerza cómica y con mayor seguridad de construcción, hubieran sido un lindísimo y necesario exponente de ese teatro de bien pensada frivolidad y de observación penetrante que sustituye a la risotada con la pequeña risa discreta con que se comprenden tan bien un autor y un público inteligentes. Situación que, a veces, origina paradójicamente nada frívolas consecuencias: que se lo pregunten a Wilde y a Giraudoux.

Capítulo XIII

TEATRO DE CONVALECENCIA

Bien sabemos que los primeros años de la posguerra ofrecieron muy reducidas novedades teatrales, prácticamente limitadas a la labor emprendida por la dirección de ambos Teatros Nacionales y que, si hemos de ser justos, tuvo valor decisivo para el porvenir de nuestra escena. El ambiente gris de nuestro teatro coloreábase solamente con algunas piezas del superviviente género en verso, y no olvidaremos ciertos intentos de elevar el nivel intelectual mediante tímidas innovaciones. Algunos espíritus selectos e inquietos escribían obras que, sin poseer real virtualidad escénica, pretendían conseguir un calor poético que no tuviese nada que ver con el viejo teatro en verso. Pero las más estimables tentativas se quedaron en las páginas de los libros, sin que se les permitiese irrumpir en los escenarios: la lectura descubre sólidos valores de pensamiento y de originalidad en la audaz y meditada adaptación romántica de un episodio bíblico que es *El viaje del joven Tobías*, de Gonzalo Torrente Ballester (1910) seguida de *El casamiento engañoso*, *República Barataria* y *El retorno de Ulises; Don*

161

Juan, de Dionisio Ridruejo (1912), fue una modesta, pero muy fina aportación al largo desfile de reencarnaciones de *El burlador;* Samuel Ros (1905-1945), el delicado y melancólico humorista, hizo concebir esperanzas con el estreno de *El otro cuarto,* pequeña pieza de inquietante poesía, esperanzas que no confirmó una segunda comedia, *Víspera,* aguardada con expectación.

José María Pemán (1898) fue, naturalmente, autor muy representativo del momento, por su verbo fácil y grato, y por su exaltación de los valores triunfantes. Irrumpió en el teatro en 1933 con el acontecimiento, históricamente inolvidable, del estreno de *El divino impaciente,* exponente máximo de la dramaturgia de la derecha que, por bien explicable contradicción, fue tan favorecida en los escenarios durante la república. Pero hemos de reconocer que, por encima de las razones de oportunidad, aquella biografía poética de San Francisco Javier tenía una solidez literaria, sobria y elegante en su expresión, que situaba a la obra en punto muy destacable del teatro en verso. Así empezó Pemán una carrera teatral, muy aureolada de aplausos, que pronto cumplirá cuarenta años. Continuó cultivando el teatro en verso: *Cuando las Cortes de Cádiz,* donde hallamos el personaje vital y garboso de Lola la Piconera, y la escena bellísima de su arresto y sentencia por los franceses, pero que, con la más deplorable parcialidad, disfrazaba de traidores de melodrama a los liberales de las Cortes; *Cisneros,* que algún mal pensado calificó ya de «cromotoligrafía histórica»; y *Noche de levante en calma. Romeo y Julieta,* comedia ingrávida y alegre, señalaba una vena muy positiva en la producción de Pemán.

La contribución de éste al teatro de guerra fue muy parva, y desde luego inferior a aquel *Poema de la bestia y el ángel*, de cuyo valor ha de hablar más serenamente la historia literaria; las piezas de circunstancias *Almoneda* y *De ellos es el mundo* no tuvieron trascendencia alguna. Después de la contienda, Pemán retornó al teatro en verso con *La Santa Virreina*, comedia histórica de gran animación escénica y fulgurante colorido, con versificación rica y sonora; *La hidalga limosnera; Por la Virgen Capitana; y Metternich,* amable porcelana o miniatura de estilo Imperio, quizá más próxima de Ardavín que de Marquina. En prosa escribió una graciosa fantasía: *El testamento de la mariposa,* cuyo tratamiento simplista y esquemático no aprovechó las deliciosas posibilidades del tema.

Como el teatro en verso había llegado a un ocaso provisionalmente definitivo, José María Pemán se afincó en la comedia costumbrista, que por su dulzura gris podemos llamar moratiniana: citemos, entre tantos títulos de éxito cordial y efímero, *La casa, Paca Almuzara, Callados como muertos, Entre el no y el sí, Hay siete pecados, La verdad, Lo que debe ser.* Ha traducido en prosa, con excelente gusto, numerosas comedias, y ha adaptado en verso varias tragedias de alcance universal: *Hamlet, Julio César, Edipo, Antígona.* Las pasiones sespirianas quedan algo empalidecidas en el verso correcto y agradable de Pemán, quien en cambio consigue verdadera estatura poética y trágica en sus adaptaciones de los mitos griegos, que más que traducciones pueden llamarse nuevas y destacables encarnaciones escénicas de aquellas fábulas eternamente jóvenes.

Con el tiempo, ha pulsado Pemán una cuerda bien inesperada de sus bien templados instrumentos teatrales: la demostración de que no hay fronteras para lo escabroso cuando el buen gusto y el buen decir avalan su expresión, afirmando a los pacatos que no hay nada nefando ni pecaminoso en la risa cosquilleada por una sana picardía. Un poco antes de la actual, invasora, y casi agobiante moda de la juerga sexual en escena, Pemán nos contaba, con la más pura sal andaluza, la historia requetefrívola de *Los tres etcéteras de don Simón*, seguida por una casi inevitable secuela: *Burla de la Coqueta y don Simón*, inferior como Dios manda en estos casos, pero también pimpante, traviesa y halagadora. A la misma sabrosa catadura pertenece *La viudita naviera*, y confieso mi absoluta preferencia por este teatrillo de Pemán, a cuya alegre, ocurrente e inofensiva verdulería debemos honestísimo recreo. En los últimos tiempos de la infatigable labor de Pemán han de citarse *Los monos gritan al amanecer*, glosa muy desvaída de la rebeldía juvenil, y *Tres testigos*, cuyo dilatado éxito se explica por la perfección técnica y por el bien perfilado calibre humano de los protagonistas.

Durante aquellas aludidas postrimerías del tradicional teatro poético sonó en el desierto la voz del conde Agustín de Foxá (1903-1959). Su drama *Cui Ping Sing*, leyenda china de amor y de traición, de fidelidad y de muerte, no halló eco en el público, desconcertado por su verso sin rima —imperdonable para el oído español—

y por la cristalina belleza de sus ininterrumpidas metáforas, poco aptas para mentes rutinarias. No suele recordarse aquella atrevida y preciosa incursión poética, muy superior a todas las demás intervenciones teatrales de Foxá: pero *Cui Ping Sing* es, sin exageración, una pieza valiosísima de teatro verdaderamente poético, comparable en lírica autenticidad con el de García Lorca. La forma elegida, el verso blanco cuya melodía se desliza sin fallo, es buena prueba de la sinceridad del intento y de la firmeza de la inspiración. El ambiente oriental, falso probablemente, resulta verdadero por constituir, a través del poeta, un perdurable espectáculo de belleza: peces, naranjas, atardeceres, nieve, agua, túnicas, se suceden en el entramado de diamantinas imágenes que nos cantan la leyenda de *Cui Ping Sing*.

En cambio, fue un éxito de público *Baile en Capitanía*, obra vistosísima, ciertamente, por su multitud de personajes, su historieta romántica y su fácil evocación decimonónica. Aquí empleó Foxá el verso rimado, bastante torpe en ocasiones, y su musicalidad frágil contribuyó al resultado satisfactorio. Estrenó Foxá otras comedias en prosa, donde los rasgos ingeniosos o poéticos son menos contundentes de lo que cabía esperar en el autor: *Gente que pasa, El beso a la bella durmiente, Otoño de 30006*. Todas se caracterizan por el sentimiento de nostalgia hacia costumbres o conductas a punto de desaparecer, con una melancolía un poco uniforme. Teatro levemente lírico, dulcemente amable, que no recuperó la poética madurez de *Cui Ping Sing*.

Joaquín Calvo Sotelo (1905) afirmó en los

años cuarenta una reputación de autor teatral que ya no disminuiría. En realidad, no era un novel, pues antes de la guerra había estrenado, con prometedora impresión, dos obras de temas ágiles e incisivos: *A la tierra tres millones de kilómetros* y *El rebelde*, que llamó la atención por su asunto desusado, con amplias licencias de lenguaje y de situación. *El rebelde* era la historia de un muchacho aristocrático que se declara en abierta ruptura con las convenciones y convicciones de sus mayores, hasta tomar parte en un complot terrorista; historia que es retrato de algunas verdaderas, y premonición de otras mucho más numerosas, a cuyas vicisitudes asistimos.

Después de la guerra, Joaquín Calvo Sotelo dramatizó su experiencia de asilado político en una embajada madrileña, en *La vida inmóvil*, y esbozó en *La cárcel infinita* un cuadro del «paraíso» marxista, en el que seguramente no faltarán notas convencionales o tendenciosas, pero que contenía —además de firme contextura teatral— un interesante personaje de poeta fracasado a quien su frustración ha conducido al implacable activismo político. Mas la verdadera revelación de Joaquín Calvo Sotelo como dramaturgo se halló en *Cuando llegue la noche*, historieta de amor en la que abundan elementos emocionales delicadamente dosificados, junto a rasgos de humor de excelente ley. Humor que predominaba decididamente en *El jugador de su vida* y en *Tánger*, farsas de intrascendente apariencia, pero colmadas de «gags» originales y de un dinámico sentido de la comicidad que no tenía antecesores en nuestro teatro burlesco. En plena moda de la nostalgia y de la reivindicación del pasado próximo estrenó Joaquín Calvo Sotelo su *Plaza de Oriente* que, siguiendo ciertos modelos cinematográficos, narraba varios lustros de historia grande a través de la pequeña historia de una familia, alternando en la evocación la ironía suave, la melancolía y la ternura.

Observamos dos grandes líneas en el pródigo teatro de Calvo Sotelo: una dramática y otra cómica. El autor cultiva ambas con el mismo sincero fervor, pero parece mejor dotado para la segunda. En la primera ha logrado obras honradas y estimables, muy teatrales siempre y postuladoras de valores dignos de todo respeto: *La ciudad sin Dios, El jefe, Criminal de guerra*, la emotiva escenificación de *El proceso del Arzobispo Carranza*, y sobre todo *La muralla*, uno de los más resonantes y comentados éxitos que se cuentan en el teatro contemporáneo. Se trata de una comedia muy bien forjada en torno a la crisis de conciencia del hombre que vuelve a la vida para reparar daños pasados, penitencia que una muralla de infranqueables intereses egoístas le impide llevar a su término. Tema muy adecuado para que todo el mundo viera la viga en el ojo ajeno, y se sintiera sediento de justicia a la vez que atraído por una acción apasionante.

El humorismo de Joaquín Calvo Sotelo se fundamenta en un sentido de la vida que no por indulgente deja de ser certero: hallamos en su sonrisa esa equilibrada comprensión del que sabe a qué atenerse sobre la real capacidad para el bien o para el mal que todos guardamos, perdonando las debilidades, juzgando en una balanza justa lo que parece ambiguo, y rechazando de lleno la mezquindad y la crueldad. Humorismo que no oculta jamás el caudal de ternura que arrastra, y que se acompaña de esa bien medida desenvoltura de hombre de mundo que hallamos también en Honorio Maura, por ejemplo, y del trasfondo de poesía que tan brevemente ostentara Jardiel Poncela. *La mariposa y el ingeniero, Milagro en la Plaza del Progreso*, el afortunado y divertidísimo ciclo de *Una muchachita de Valladolid* y *Micaela* son, entre otros muchos títulos, exponentes felices de una dramaturgia optimista, a la que llamaríamos juvenil por las estupendas frescura y facilidad que ostenta. El humor se hace más acerbo en *El inocente*, cuando fustiga con risas indignadas la asechanza con que los eternos logreros cercan al hombre honrado manejando contra él la calumnia de índole sexual, de infalible efecto a pesar de todas las tolerancias, comprensiones y sinceridades de que blasonamos. El movimiento escénico y el burlesco empleo del coro son sumandos positivos en esta pieza de risa vindicadora que encierra una nobilísima acritud. Pero la obra maestra de Joaquín Calvo Sotelo es *La visita que no tocó el timbre*, prodigio de fina gracia, ejemplo de ternura, y alarde de seguridad técnica al sostener sin desmayos una larga y amenísima acción sin otros protagonistas que los dos hermanos solterones a quienes la providencia depara la inesperadísima intrusión de un niño recién nacido... *La visita que no tocó el timbre* no es solamente la comedia más alegremente representativa del humor y de la destreza de Joaquín Calvo Sotelo, sino también una de las obras más logradas que haya visto la escena española en los últimos años.

En análogas direcciones de cordialidad y de inteligencia caminan el teatro de José López Rubio (1903) y el de Víctor Ruiz Iriarte (1912). José López Rubio pudo ser citado entre los decididos «vanguardistas» de los años veinte por sus comedias *De la noche a la mañana* y *La casa de naipes*, escrita en colaboración con Eduardo Ugarte, y que ya entonces despertaron atentas miradas y alabanzas prometedoras. Tras un larguísimo silencio, López Rubio retornó al escenario madrileño con *Alberto*, comedia que ostentaba a la vez originalidad y sensibilidad: era preciso un humorista poeta para inventar la fábula del invisible protagonista, creado por la imaginación y por el anhelo de quienes deseaban dotar a sus vidas exhaustas de un afecto y de un estímulo. José López Rubio era un caso excepcional en el teatro español, donde la acción y la aventura predominaron siempre. Sus comedias apoyábanse solamente en el primor del diálogo, ingenioso sin concesiones, matizado, sutil en su intención: el diálogo que es delicada y única sustentación de *Cena de Navidad* y de *Una madeja de lana azul celeste*. Así, el teatro de López Rubio se situaba en una orientación del teatro europeo cuya bonita estrella comenzaba, precisamente, a apagarse en aquellos años. Tales comedias adquirían a la vez un discreto éxito entre el público, y una avizora consideración entre los que comprendieron cuanto había de moderno, y de teatral en sentido superior, en aquellos diálogos sin apenas intriga, y en aquel fluir de seductoras sugerencias.

La producción de López Rubio no se ha interrumpido a lo largo de los años, pero se comprueba que su primitiva dirección ha sufrido perceptibles modificaciones. Y no siempre para bien. Probablemente comprendió López Rubio que una dramaturgia de puro recreo intelectual no era muy viable en España, y procuró dotar a sus comedias de movimiento y de peripecias que no siempre quedan por encima de los independientes y meritorios pasos iniciales. *Veinte y cuarenta* señala el más gustoso punto de compromiso entre el brillante diálogo y la acción exigida. *El remedio en la memoria, La venda en los ojos* y *La otra orilla* procuran mantener similar armonía, usando de una garbosa facundia para bordar finos cañamazos en el eterno y caleidoscópico tema del amor. Novedad relativa en el teatro español, que no se muestra muy propicio a la inspección de los matices eróticos, prefiriendo con mucho los arranques pasionales, o el perenne juego convencional de escollos y contrariedades en torno a los enamorados. Pero como la dialéctica amorosa de los personajes de López Rubio no acababa de satisfacer a los espectadores mal educados en el clima de la acción trepidante, el autor aplicó su sabiduría teatral a la creación de un verdadero melodrama, *Las manos son inocentes,* al que por suerte inyectó una fuerza dramática que pudo moldear, con verdadera consistencia, el alucinante conflicto interior del crimen y del remordimiento. *Un trono para Cristy* lograba su amable eficacia de comedia bonita, cuyo poquito de burla de los reportajes de «Hola» concluía contagiándose de su banalidad: los cuentos de princesas requieren mayor dosis de poesía, para no quedarse en pequeñas crónicas de color de rosa. A su vez, para conseguir un envidiable efecto hilarante se precisa una imaginación de mayores poderes líricos y matemáticos: cuando aquella proeza se intenta en *Diana está comunicando*, el resultado es totalmente negativo. José López Rubio ha aplicado también su buen gusto y su enorme conocimiento del teatro actual a insuperables traducciones, y a un agradable libreto de comedia musical, *El caballero de Barajas*, que no fue suficiente para galvanizar un género anestesiado.

Es habitual unir a los nombres de Calvo Sotelo y de López Rubio el de Víctor Ruiz Iriarte, considerando a los tres como renovadores, sin estrépito, de la comedia de humor elegante y de ironía comprensiva, que imperó en Europa, y que en España se sustituyó con el superficial dramatismo de la «alta comedia» y con las chocarrerías del juguete cómico y del sainete bastardeado. Víctor Ruiz Iriarte, como Calvo Sotelo y como López Rubio, es un fogoso y consciente enamorado del teatro. Cuando la escena española de posguerra tenía mucho de páramo torradista, fue Ruiz Iriarte uno de los jóvenes que con más decisión desbrozaron un sendero teatral que se desligaba de tantos agobiantes convencionalismos. Había moceril inquietud en *El puente de los suicidas* y en la inocente sátira, festiva y pimpante, de *Un día en la gloria*. Vinieron después *El landó de seis caballos, El gran minué, Juegos de niños, La soltera rebelde, La vida privada de mamá, El café de las flores, La cena de los tres reyes, Un paraguas lleno de lluvia, La muchacha del sombrerito rosa*. Come-

171

dias leves donde ya no hay que buscar psicología profunda, ni crítica acerba, ni comicidad a caño libre. Comedias en que el amor pierde su jugo de pasión y de arrebato, manteniendo una fresca corteza de juego multicolor, con esa frivolidad persuasiva que el amor alcanza solamente en las comedias. Como Víctor Ruiz Iriarte es un constructor mucho más hábil que López Rubio, consigue que sus pequeñas fábulas sostengan impagablemente el recreo del espectador; y muéstrase un tanto voluble —lo que no es pecado cuando la versalidad tiene a la gracia por compañera— aceptando cualquier fórmula de éxito: el precioso tecnicolor de *El gran minué*, la mil y una recreación decimonónica en *La guerra empezó en Cuba*, la melancolía superficial, que permite al público presumir de emotivo, en *El café de las flores*, la danza galana de la fantasía y de la realidad en *El landó de seis caballos*, la anécdota de monarcas desterrados, tan de actualidad a lo largo del siglo, en *La cena de los tres reyes*, las confidencias de ultratumba como festivo recurso en *Un paraguas lleno de lluvia* (que por cierto es una de las comedias más francamente divertidas del autor), o los riesgos y venturas del pobre hombre tímido «que el autor trata con solidaria ternura», como escribe Juan Emilio Aragonés, en *El aprendiz de amante* o en *El pobrecito embustero*.

No cabe duda que los tres autores citados dignificaron la comedia ligera, dotándole de una elegancia literaria y de un humorismo de refinado cuño que bien necesitaba. Y los tres parecen gemelos en la pura alegría de la creación escénica, que no puede tacharse de evasión culpable, ya que no existe culpa en nada de lo que se engendra con alegría, y por otra parte observamos que, dentro de su gracilidad, no es embustero ni tendencioso su benóvolo tratamiento de la condición humana.

Carlos Llopis (1912-1971), no pretendía la menor trascendencia en su teatro, limitándose a hacer reír, pero su ingenio fácil era tan positivo que el saladísimo ciclo *Nosotros, ellas y el duende* y *La cigüeña dijo sí*, así como *La vida en un bloc*, han sobrevivido a su éxito inicial, quedando por algún tiempo como pequeños y muy divertidos modelos de la finura chispeante que puede tener un teatro puramente cómico, cuando no intenta rebasar sus posibilidades por medio de esa ironía poética y amarga que confiere solidez, o incluso grandeza, a ciertos humoristas.

Horacio Ruiz de la Fuente (1905) se ha especializado mejor en un dramatismo intenso, que oscila peligrosamente entre lo trágico y lo melodramático. Es un apasionado hombre de teatro, que se ha dedicado con preferencia a la difícil tarea de la comedia extensa de dos interlocutores, o más difícil todavía, al monólogo en tres actos que tienta a su vez la ambición del intérprete y la paciencia del espectador. *Aurora negra, No me esperes mañana, Bandera negra, La novia, La muñeca muerta, La muerte da un paso atrás* son proezas escénicas que, con ayuda de un actor o de una actriz entusiastas y de un providencial teléfono, mantienen la tensión de un público jadeante. Pero no olvidemos que Ruiz de la Fuente, además de llevar a buen puerto tan arriesgadas singladuras, lo que no dice poco en su favor, es también un

173

escritor de experta fibra. La lectura de sus diálogos y de sus monólogos permite apreciar cuánto esperan aquellos de la colaboración del intérprete, pero también su estilo eficaz y bien graduado, su observación aguda del sentimiento humano en una hora de crisis, de incertidumbre o de desesperación. Cuando Ruiz de la Fuente se dedica a la acción normal de varios personajes, el resultado es más discreto, aunque alabemos sin reservas la invención ingeniosa de *Pánico en el hotel.*

Siguiendo los rumbos de la comedia tradicional obtuvo cierto crédito Julia Maura, marquesa de Villatoya (1910-1971), que insistió en la escena con habilidad y tenacidad no usuales en las escritoras. Su primera comedia *La mentira del silencio*, exaltaba un fenómeno de abnegación femenina probablemente desprovista de verosimilitud, pero tratado con tan excelente oficio que ninguna otra comedia de la autora hubo de superarle en capacidad de atracción escénica. Entre las numerosas obras de Julia Maura se cuentan *Siempre*, que intentaba un contraluz poético entre la vida y la muerte, *La sin pecado, La eterna doña Juana, La riada, Chocolate a la española* y *Jaque a la juventud*, estrenada esta última tras un silencio prolongado, y muy aplaudida por afrontar, con viveza, pero sin destellos personales, el tema hoy tan apremiante del conflicto generacional.

Otra mujer, Mercedes Ballesteros, esposa de Claudio de la Torre, mostró más finas calidades en la lindísima comedia *La mariposa y el ingeniero*, en la leyenda infantil *Tienda de nieve*, y en *Quiero ver al doctor*. Carmen Conde (1907), por su parte, alternó su extensa y magistral labor poética con simpáticas incursiones al teatro infantil, en el que ha logrado felices adaptaciones de cuentos célebres o de romances populares, y con un bello misterio navideño con música de Matilde Salvador. Los humoristas «Tono» y Alvaro de Laiglesia (1922) han hecho frecuentes incursiones al teatro, aportando al mismo su popular, desenfadado y vital concepto de humor. Entre los otros muchos autores que intentaron la aventura teatral en los años cuarenta no podemos olvidar a Eusebio García Luengo, que inexplicablemente abandonó la actividad escénica después de acreditar en *El celoso por infiel* o en *Las supervivientes* un honrado entusiasmo, un afán superador de rutinas y de vulgaridades, y una intensa invención dramática que le permitía abordar con valentía y con fruto problemas humanos harto complejos y dolorosos. El breve drama entre estas cuatro paredes es quizá su fruto más cuajado.

Nombres prometedores fueron los de Julio Alejandro (Barriada) o de Delgado Benavente (Jacinta). Jaime de Armiñán inició una estimable carrera, en la que descuella la leve nota poética y sentimental de Café del Liceo. Y así se desarrollaba en los tiempos difíciles, en medio de restricciones de toda índole, el designio de supervivencia de nuestro teatro, que respiró profundamente cuando entablaron sus primeros contactos con el público Miguel Mihura y Antonio Buero Vallejo.

CAPÍTULO XIV

MIGUEL MIHURA, O LA NUEVA SONRISA

Sabemos que Miguel Mihura (1905) escribió su comedia *Tres sombreros de copa* en 1932. No nos extraña demasiado que, en semejante entonces, no se hiciese el autor ilusiones acerca de una posibilidad de estreno. Pero hoy su lectura y su representación nos producen emoción análoga a la contemplación de esos paisajes de pintores españoles decimonónicos que por su cuenta y razón creaban el impresionismo. Por su cuenta y razón, Miguel Mihura inventaba un concepto teatral de pura libertad, de humorismo en su punto más depurado, capaz de prever las conquistas del teatro del absurdo, sin sus excesos. Es cierto que las experiencias «dadá» y surrealista habían penetrado en el teatro (hoy podemos leer en España una acertada selección de sus textos), pero, siendo en todo caso problemática su influencia sobre *Tres sombreros de copa*, hemos de reconocer en esta asombrosa comedia una novedad de concepto y, sobre todo, una alegría creadora que le separan de la arbitrariedad brillante, pero un tanto seca, y de la formal anarquía de sus posibles epígonos franceses.

Pasaron más de diez años y Miguel Mihura, a través de sus revistas de humor *La ametralladora y La Codorniz,* hallábase en cabeza de la gracia española en cuanto a popularidad y en cuanto a crédito intelectual, que nunca le fue negado a *La Cordoniz,* tan leída, releída, y aun reflexionada, por los jóvenes y por los poetas. Ya no le fue difícil llegar al escenario, colaborando con Joaquín Calvo Sotelo en *¡Viva lo imposible!* y con Tono en *Ni pobre ni rico sino todo lo contrario.* El humor codornicesco, tan incoherente en apariencia, tan fino y certero en el fondo, había saltado a la escena, donde, por cierto, no se mantuvo mucho tiempo. *El caso de la mujer asesinadita,* en colaboración con Alvaro de Laiglesia, señalaba un excelente ejemplo de aquella fusión de humorismo y de poesía que tan generosamente practicara Jardiel; pero la inventiva mágica que animara *Tres sombreros de copa* ganaba lucidez exterior, y abandonaba sus poderes hechiceros para, renunciando a su gloriosa libertad primigenia, encauzarse a lo que pudiéramos llamar una normalidad escénica.

Tras *El caso de la mujer asesinadita* que. como tal comedia, era una delicia, el teatro de Mihura pierde todo posible parentesco con el llamado teatro del absurdo. Pero, como no vamos a juzgar las comedias de Mihura por valores relativos de precedencia o de situación, sino por los absolutos de su imaginación, de su sensibilidad y de su poder cómico, hemos de reconocer que esta etapa de su teatro define al autor como el mejor dotado de aquellos años, muy distinto de Buero Vallejo, pero no inferior durante el período creador que se cierra con *Maribel y la extraña familia*.

Se suceden *El caso de la señora estupenda*, *El caso de señor vestido de violeta*, *A media luz los tres*, *Mi adorado Juan*, *Carlota*, *Sublime decisión*, *Melocotón en almíbar*: casi todas son obras maestras, a las que no llamaremos pequeñas, a rastras de la manía de calificar de pequeño a lo que provoca una risa que puede durar siglos. Formalmente, las comedias de Mihura ajustábanse cada vez más a las normas tradicionales, pero no disminuían en originalidad ni en seducción del ingenio que movilizaban. A mi juicio, *El caso del señor vestido de violeta* y *Mi adorado Juan* son los pasos vacilantes de esta escala gozosa por las claras cumbres del humorismo. *El caso de la señora estupenda*, viene a ser un vodevil tan estupendo como la señora, una comedia de enredo, de espionaje en este caso, que puede competir en movilidad, en chispa y en elección de recursos hilarantes con las modélicas farsas de Georges Feydeau, precursoras, en muchos rasgos, de la comicidad más actual y permanente. *A media luz los tres* prescinde de toda tentación de farsa, para ceñirse al ingenio sutil de la «comedia brillante» en su más depurada expresión. Diremos que esta reconquista de la sencillez puede encerrar graves limitaciones, pero pecaríamos de absurdamente adustos tachando de género inferior a tan feliz expresión del ingenio y del sentimiento.

Carlota y *Sublime decisión* enriquecen de nuevo sus vértebras con las vetas de la parodia y de la sátira. *Carlota* es un admirable divertimiento de comediógrafo experto, que hace sabrosos juegos malabares con el folletín y con el sainete, en medio del más clásico escenario de película de crímenes (¡oh, aquellas atmósferas inolvidables y morbosas de *Luz de gas* y de *Mortal sugestión!*), donde todos los tópicos del género se dan cita, convocados por una pluma que se divierte en grande. *Sublime decisión*, al coleccionar también todos los atributos de la nostalgia decimonónica, construye sin la menor exageración, sin la menor falta de gusto, una bien timbrada máquina desmitificadora, sátira oportunísima de toda una época embellecida por el recuerdo y por la moda, y que en realidad fue íntimamente triste y turbadoramente mezquina. Tristeza y mezquindad que Mihura saca a relucir por medio de un sentido paródico exquisito, y de una experimentada comprensión que le permite recordar crudas realidades sin zaherir a aquellos que fueron sus víctimas, y de cuya mentalidad quedan todavía demasiados herederos.

Melocotón en almíbar, si deja ver una influencia anglosajona en su trama policiaca y en la ocurrencia de convertir a una monja en inocente detective, es bien original en cuanto a la ininterrumpida gracia del diálogo y en cuanto al desarrollo de un argumento que hace honor, por su riqueza de incidentes, a la más jugosa inventiva. No pretende asumir trascendencia alguna, y precisamente por su leal dedicación al puro recreo del teatro, consigue un airoso clima de fantasía y de buen humor, que ha asegurado a tan divertida comedia una larga permanencia en los escenarios, si bien superada por *Maribel y la extraña familia*.

El enorme éxito de *Maribel* señaló la cima de la popularidad de Mihura y el comienzo de una desconcertante decadencia. La comedia en sí no es superior a las anteriormente citadas, pero entusiasmó a un vasto público, especialmente femenino, a quien complacía mucho la intervención en las tablas de unas chicas de mala vida que, naturalmente, eran bonísimas personas. Las donosas invenciones del primer acto de *Maribel* no hallaban adecuada continuación en los actos siguientes, pero el auditorio reía encantado en todo el curso de la obra. *Maribel*, con su innegable salero y con su inocencia pícara, se acercaba más al nivel usual de las comedias amables que a la categoría de las mejores horas de Mihura; y en esa tesitura de ligereza sin pretensiones siguió sus huellas *Ninette y un señor de Murcia*, de comicidad agradabilísima y efectiva, pero que podía ser firmada por cualquier comediógrafo de cierto ingenio. La hechicera originalidad de Mihura habíase disipado inexplicablemente, y no tornamos a hallarla en sus últimas obras, ni siquiera en *La bella Dorotea*, a pesar del intento de prestar una aureola poética a la fantasmal figura de la desdeñada novia, paseando con desesperado orgullo su aparatoso e inútil atavío nupcial.

El chalet de Madame Renard, *La tetera* o *Las entretenidas* no guardan apenas rastros de aquella imaginación brillante y de aquella gracia personalísima que fueron, y ojalá tornen a ser, emblemas del teatro de Miguel Mihura. Pero, si hemos de atenernos, como es lógico y justo, al valor reconocido de su obra, continuaremos afirmando que el autor de *Tres sombreros de copa* es, gracias a aquella farsa inimitable y a otra media docena de perfectas aventuras cómicas, uno de los comediógrafos españoles más originales, sensibles y sugestivos de nuestro tiempo, un autor cómico digno de vencer tiempos y fronteras.

CAPÍTULO XV

TRASCENDENCIA Y LECCION
DE ANTONIO BUERO VALLEJO

Antonio Buero Vallejo (1916) penetró en el teatro con un triunfo de proporciones inusitadas: el estreno de *Historia de una escalera*, clamoroso y honrado a carta cabal, pues no fue precedido de propaganda alguna, ni acompañado del menor espejismo de ideología o de moda. *Historia de una escalera* ganó brillantemente la partida porque presentaba con realismo sin atenuantes, y con acusadísimo instinto dramático, una situación profundamente humana, amarga como la vida es para tantos. Y el teatro, balanceándose siempre entre el convencionalismo y la comicidad, entre la exageración de lo patético y de lo grotesco, no estaba acostumbrado a proporcionar esa visión escueta y directa de la existencia, ese fragmento cotidiano que puede llegar al corazón de todos al crear un invisible hilo fraternal entre personajes y espectadores. Por supuesto, sin dejar el menor resquicio por donde se filtrasen la declamación y la sensiblería.

Se dijo que el éxito de *Historia de una escalera* certificaba la devoción que el público español siente por el sainete, aun sin confesarlo.

Muy superficialmente considerada, *Historia de una escalera* se aproximaba al sainete por el marco popular en que se desenvuelve, pero se. aleja radicalmente por su voluntad de acercarse a la desnuda realidad del esfuerzo baldío y del desaliento humano. Antonio Buero mostrábase lúcidamente amargo, hondamente sensible, y —como era ineludible en su vocación— dueño de todos los recursos dramáticos lícitos, hasta dotar de máxima consistencia a una inspiración primeriza que, sin hipérbole, podía calificarse ya de perfecta, como el tiempo ha confirmado.

Buero Vallejo ha seguido una línea firme en su orientación, aunque la calidad de sus obras ofrezca desigualdades. Nunca ha sido infiel a su concepto del hombre, a la protesta contra cualquier falsedad o represión que tiendan a disminuir su dignidad; se ha planteado con insistencia los interrogantes del sufrimiento y del fracaso, sin empeñarse en una solución convencionalmente definitiva, pues, precisamente, en ese callejón sin salida del dolor humano se encuentra la más viva y obsesionante impresión de su inexplicable existencia. Sustituyamos el color de rosa del optimismo con los cálidos matices de la misericordia o con el rudo resplandor del enfrentamiento con el destino, que jamás responde a ninguna petición de cuentas. El hombre vacila en el dédalo de una felicidad que quiere conseguir a costa de la mentira, y de una verdad cuya crudeza es asimismo escandalosa e intolerable: planteado el dilema, dijérase que el individuo no tiene otra salida que la propia compasión, y el convencimiento de que, a fin de cuentas, no es lícito jamás causar daño a un semejante; el hombre no ha de

183

añadir su crueldad caprichosa a la irreparable del destino.

Toda la obra de Buero es un alegato de amarguísimas resonancias, pero en el que nunca falta el eco de un grito fraternal. En la vida cotidiana pueden agazaparse las mismas asechanzas que en las suntuosas aventuras de la historia o en los dominios encantados de la fábula. A los personajes conmovedoramente vulgares de *Historia de una escalera*, de *Las cartas boca abajo* o de *Hoy es fiesta* se yuxtaponen los majestuosos protagonistas de *Un soñador para un pueblo* y de *Las Meninas*, o los héroes inventados de *La tejedora de sueños* y de *Casi un cuento de hadas*. Todos se igualan en su carnal consistencia, en la lucha contra una injusticia que parece superior a la propia condición humana, y de la cual sólo podrán liberarse con la conciencia de haber luchado contra ella. El teatro de Buero Vallejo adquiere así una dimensión bien rara en nuestra escena, una ambición muchas veces lograda merced a un talento dramático de primer orden. Antonio Buero, que posee envidiable cultura literaria y ecuánime sentido crítico, sabe emplear con eficiencia y honestidad sus dotes de escritor, acompañadas de privilegiado sentido del ritmo y del progreso dramático: conjunto de cualidades que han situado a Buero Vallejo en un primer puesto que nadie discute.

Como apunté, pueden percibirse notables desigualdades en su producción, aunque con enorme ventaja del saldo positivo. El saldo negativo, (relativamente negativo, claro está), se compone, a mi juicio, de los títulos *La señal que se espera, Irene o el tesoro,* que no consigue el

184

deseado equilibrio entre el realismo y la fantasía, *Madrugada*, que no pasa de ser un melodrama muy bien confeccionado, y *El tragaluz*, a pesar de su rotundo éxito de público, porque la oposición entre los personajes no asciende en ningún momento a la grandeza trágica que, con similar situación conflictiva, adquieren otras piezas del propio Buero.

Historia de una escalera, *Las cartas boca abajo* y *Hoy es fiesta* pertenecen, por su ambiente, al mediocre ámbito cotidiano donde toda aspiración se embota, y donde embóscanse frustraciones de toda índole; ámbito que resultaría axfisiante sin cierta cordialidad que impregna el gesto resignado de los unos o la desesperación tardía e inútil de los otros. Cúmulo de pequeñas tragedias —que por ser pequeñas son tan grandes— encuadrado en un ambiente popular retratado con veracidad sobria, y que, por fortuna, no tiene nada que ver con las convenciones del sainete evocado. *En la ardiente oscuridad* y *La llegada de los dioses*, al identificar las disparidades de la sombra y de la luz con los choques de la verdad y de la mentira, alcanzan también una plenitud dramática; y *Casi un cuento de hadas*, escenificación audaz de la vieja y encantadora conseja de Riquet el del copete, nos hace ver la realidad desgarradora que puede provenir de una leyenda feliz, cuando contemplamos a sus héroes y a sus lances a la luz cruda de la vida. *Casi un cuento de hadas*, no muy conocida por el gran público, es una comedia bellísima, quizá la obra de Buero en que la densidad intelectual se exterioriza con mayor acierto poético, entrelazando así altas cualidades que no son consuetudinarias en nuestro teatro.

Antonio Buero ha mostrado también gran empeño en exponer su concepto de la justicia y de la dignidad humana por medio de grandes siluetas de la historia. No hemos de exigir a *Un soñador para un pueblo,* a *Las Meninas* o a *El sueño de la razón,* el rigor que pudiéramos llamar arqueológico: la encarnación de eternos símbolos y de actuales conflictos en personajes históricos es un convencionalismo plenamente admitido en el teatro actual, y al que éste debe sus más orgullosas cimas. Si el protagonista de *Un soñador para un pueblo* difiere del Esquilache intrigante e intruso de los manuales escolares, si el misterioso y silencioso don Diego Velázquez no se asemeja históricamente al artista batallador de *Las Meninas,* si don Francisco de Goya fue todavía más complejo y desconcertante que su reflejo de *El sueño de la razón,* no hemos de culpar al dramaturgo porque, a la sombra de ilustres modelos, haya creado impresionantes héroes escénicos, sugerentes de un punto de contacto entre el ser real y el ficticio, que Buero ha intuido con su alto concepto de la naturaleza humana. Añadiremos que, desde el punto de vista literario, *Un soñador para un pueblo* y *Las Meninas* señalaban la madurez del lenguaje de Buero, como *El concierto de San Ovidio,* en la que todos los elementos internos que su autor promueve —patetismo, poesía, contraste, asechanza, rebeldía insobornable— encuentran la más fuerte conmoción dramática por medio de una excelente conjugación entre el cuadro ambiental, con su caudaloso fluir de personajes, y la tragedia vivísima que encierran los aún no apagados designios de explotación del débil y de burla del desvalido.

El teatro de Buero Vallejo se encuentra en plena ebullición creadora; puede todavía proporcionar abundantes sorpresas y notables enriquecimientos; y se puede suscribir sin reserva alguna la afirmación de Ruiz Ramón: Antonio Buero es «un dramaturgo europeo cuyo lenguaje es válido y valioso en cualquiera de los idiomas de nuestro mundo occidental». De pocos autores españoles de la centuria se puede decir lo mismo.

Capítulo XVI

EL TEATRO PROSIGUE SU VIDA

El teatro español de los últimos años manifiesta una considerable ebullición de tendencias y direcciones, entre las cuales continúan imponiéndose, por desgracia, aquellas que más se asemejan a las tradicionales directrices, muy bien acogidas en los escenarios llamados comerciales, en tanto que el auditorio joven concede su sincero y turbulento apoyo, que tampoco denominaremos infalible, a las más decididas expresiones del inconformismo y de la protesta. De todos modos, la comedia tradicional procuró, a su modo, adoptar gestos y luces actuales, remozar el ingenio trasnochado, y como máximo índice de renovación y de adaptación europea, efectuar la trasformación radical de la monocromía rosa en otra superficie opulentamente verde, no menos monótona y forzada.

Alfonso Paso (1926) es, sin disputa, el más afortunado de los autores españoles; el simple hecho de constatarlo equivale a una perogrullada. Joven aún, asombrosamente avispado, ha dado a la escena más de un centenar de títulos, aplaudidísimos en su mayoría e interesantes en muy reducida proporción. Hasta ahora han sido pocos los críticos que le han elogiado con ditirambos; mucho más numerosos los que le atacan, o se encogen de hombros ante una interminable serie de comedias que juzgan frívolas o nulas. Y Alfonso Paso, en realidad, merece más elogios que diatribas: el puesto que triunfalmente ocupa existe en todos los panoramas escénicos del mundo, incluido el mundo socialista: todo teatro, por refinado que sea, requiere, hasta la fecha, un comediógrafo que distienda las preocupaciones del público, que sirva de goloso intermedio entre la dimensión trágica y el realismo testimonial; autor al que no hay que otorgar otra importancia que la que tiene, y que por lo tanto, no ha de irritar a nadie, pues nunca fue ilícito distraer el ánimo o disfrutar con la risa propia y ajena, salvo en algunas circunstancias particularmente «reaccionarias». Comediógrafos como Alfonso Paso existen siempre, y su existencia no es pecado. Ahora bien, el éxito de ese amable intermedio puede ser intranquilizador cuando no hallamos otra cosa antes y después de su intervención. El monopolio ejercido por la fragilidad es un signo catastrófico.

Si no exigimos lo imposible al teatro de Paso, admiraremos su facundia, su inventiva y su desenfado, como en su día nos agradaron transitoriamente cualidades análogas de sus familiares antecesores; reconocemos la lógica de un éxito obtenido por medio de la identificación con una masa frívola que no ha variado sustancialmente; aplaudiremos abundantes observaciones inteligentes y agudas, o loables tentativas de superar las fatigadas marcas (*Nerón Paso, Sí, quiero, Querido profesor, Juicio contra un sinvergüenza).* La velocidad de su producción, y tal vez la excesiva confianza en el dominio sobre el público, hacen cada vez más raras las producciones sobresalientes en la caudalosa carrera de Alfonso Paso, que en sus primeros tiempos nos ofreció comedias tan plenamente aceptables como *Los pobrecitos,* cuya realista ternura no ha superado, *La boda de la chica, El canto de la cigarra* o aquella *Cena de matrimonios,* que era una lección de destreza teatral, pese a la incoherente concepción de su verboso y maligno protagonista. Dicen que Alfonso Paso hace lo que quiere sobre la escena; ya que nos ha probado sobradamente su agilidad de malabarista y su chispa fértil, sería de desear que algún día quisiera recuperar aquella vena inicial de cordial humorismo, en que la realidad y cierta poesía se conjugaban bien. O que introdujese acentos más incisivos en las innumerables y efímeras glosas de todo problema actual —desde el servicio doméstico a la rebeldía juvenil, desde la emigración a la inadaptación matrimonial— que nos ha servido casi a diario para que nos enteremos de todo sin preocuparnos demasiado por nada.

Juan José Alonso Millán (1936) ha seguido similares derroteros de teatro fácil, con un provecho que mucho le habrá estimulado. Hasta ahora, no tiene su producción otra estatura que la propia del teatro que recrea con todos los trucos del ingenio fácil y del erotismo que ya no asusta a nadie. Su comedia más ambiciosa fue *El cianuro... ¿sólo o con leche?* que, aunque encerrase resonancias de humor negro no siempre originales, llegaba a producir el cosquilleante desasosiego de la comicidad macabra, salpicada de hallazgos y adornada de «gags» impagables. Las comedietas ligeras, en que el antiguo juego del amor y del azar se sustituye sin ventaja por el escarceo del sexo y de la epidermis, se han sucedido después, con pocos méritos y éxitos brillantes: *Mayores con reparos, Pecados conyugales, Marbella mon amour, La vil seducción, El alma se serena;* afina un tanto su pluma en *El día de la madre* y en *Estado civil;* y en *Juegos de sociedad* añade el crimen a la diversión, siguiendo el modelo de esos cuadros de «dolce vita» que tanto se pintan en las novelas, y que suelen ser tan vacíos como la realidad, o lo que sea, que pretenden denunciar.

Jaime Salom (1925) se ha situado entre los autores jóvenes predilectos de la multitud. Su obra es ya extensa, y también frecuente en desigualdades. Pueden citarse como piezas representativas de sus distintas orientaciones *El baúl de los disfraces,* a cuya trama de frágil y risueña poesía no podía negársele discreta originalidad; *Los delfines,* acumulación de tópicos sobre la burguesía y el choque generacional, que obtuvo gran éxito; *La casa de las Chivas,* muy superior a las anteriores, pues su dramatismo era definido y certero, consiguiendo, en el ambiente de la guerra civil, una serie de tipos que, sin la menor discriminación partidista, brotaban vivamente de aquella realidad trágica; y *La playa vacía,* cuyo poético simbolismo adquiere un tono melancólicamente grave que sin duda realza la atmósfera de soñador misterio, con intensidad que no anunciaban las anteriores piezas de Salom.

Un poeta verdadero, Antonio Gala, reveló en

Los verdes campos del Edén notoria capacidad teatral. La extraordinaria fábula del cementerio convertido en acampamento donde la felicidad no escasea, abría de par en par muchas puertas y ventanas al paso de una poesía inequívocamente juvenil, que expresaba su vitalidad por medio de la frase ingeniosa y de la metáfora brillante. Todo es redimible por intercesión de la poesía: fe que no hay que confundir con un barato conformismo, pues la poesía auténtica tiene su raíz en la conciencia del dolor humano y en sus posibilidades de redención, posibilidades que se subliman cuando lo perdonan todo por no ignorar nada. La poesía dramática de Antonio Gala, tan fresca y jocunda en *Los verdes campos de Edén* se ataviaba de rutilantes colores grotescos y satíricos en *El sol en el hormiguero*, para adquirir una tonalidad más íntima, sobriamente dolorosa, en *Noviembre y un poco de yerba. El caracol en el espejo,* aún no estrenada, es un ensayo audaz en que lenguaje y movimiento se apoyan, con múltiples halagos de lirismo y de ingenio, para acercarse a las iluminaciones sugestivas y libérrimas del teatro del absurdo. Otros poetas han arriesgado breves, pero interesantes, incursiones en el teatro: José Suárez Carreño *(Condenados),* Federico Muelas *(La Reina loca),* Rafael Soto Vergés *(El recovero de Uclés),* y con mucha mayor constancia Juan Germán Schroder, en cuya producción inquieta y variada sobresalen *La ciudad sumergida,* de intenso contenido religioso exteriorizado con brillante lenguaje, *La ira del humo,* y sobre todo *La trompeta y los niños,* el menos artificial y más jugoso entre los intentos españoles de teatro en que predomine la absoluta pirueta de la fantasía; posee un diálogo que es puro encanto de gracia y de ligereza, y su alegría escénica nos arrastra con deliciosa fuerza persuasiva. *La trompeta y los niños* es un maravilloso cuento para mayores, contado con la seductora ingenuidad con que se refieren los cuentos a los pequeños.

Alfredo Mañas hizo concebir muchas y fundadas esperanzas con *La Feria de Cuernicabra*, deslumbrante versión de la inmortal burla del corregidor y de la molinera, con un desarrollo pleno de colorido, y un desenlace más agitado que el de la incomparable novelita de Alarcón. La representación de *La Feria de Cuernicabra*, contagiada del más vistoso revuelo de ballet, impresionaba más que su lectura, en la que se hacen más patentes las reminiscencias de Lorca y de Valle-Inclán, aunque no empañen, ni mucho menos, el donaire florido de la farsa. *La boda de los Tarantos*, también de gran éxito, no aventajaba a *La feria* en poesía ni en originalidad.

Ricardo López Aranda es escritor de cuantiosas ambiciones que aún no han cristalizado totalmente en la escena. Después de su intento primerizo *Nunca amanecerá*, bien provisto de condiciones, ganó el Premio Calderón de la Barca con *Cerca de las estrellas*, que despertó justamente el entusiasmo por su visión tan afectiva como exacta de la realidad popular, de los hombres, y mujeres, y muchachos de barrio cuyas pequeñas vidas se deslizan entre alegrías y penas, trabajos e ilusiones. Escrita con precisión de excelente estilista, la comedia se desenvolvía sin que la menor pincelada falsa o tendenciosa ennegreciera el veracísimo cuadro, cuya cálida

193

y sencilla emoción se reiteraba en *Las noches de San Juan*. Posteriormente ha compuesto una adaptación escénica de *Fortunata y Jacinta*, muy bien concebida teatralmente.

Débense citar también intervenciones muy interesantes de escritores que no se dedican profesionalmente al teatro, pero que han acudido a él con la autoridad de un talento ya consagrado en otras disciplinas. El más consecuente es el periodista y novelista Emilio Romero (1917), cuya vocación escénica adquiere, desde *Historias de media tarde* y *Las personas decentes me asustan*, seguridad y aplomo que llegan a construir una comedia de verdadera calidad, *Sólo Dios puede juzgarme*, cuyo difícil y espinoso asunto requería ser manejado, como así ocurrió, por una inteligencia despierta y una puntual intuición de los efectos escénicos. Entre las obras estrenadas por el novelista Manuel Pombo Angulo (1912) es la mejor *Te esperó ayer*, fantasía de obsesiones y de nostalgias, historia, referida con excepcional soltura, de una frustración erótica sumida en la locura. Dos novelistas apreciadísimos, Torcuato Luca de Tena (1923) y José Antonio Giménez Arnau (1903), han escuchado también ruidosos aplausos: el primero con *Hay una luz sobre la cama*, abordando un caso inquietante de morbosa psicología juvenil, y el segundo con *Murió hace quince años*, de efectismo partidista harto elemental. José Camón Aznar (1898), de máximo prestigio como crítico y pensador, ha cultivado la tragedia de línea clásica y preocupación actual, con gran nobleza y elegancia de forma: *Ariadna*, *Hitler*, *Lutero*, temas ambiciosos tratados con altura. Pedro Laín Entralgo (1908) estrenó sucesivamente *Entre nosotros* y *Cuando se espera*, obras de decidido predominio del diálogo, abundante, como es de esperar, en interesantes sugerencias; en la segunda, la potencia de la situación central permite añadir cierta tensión dramática, que acompaña felizmente la noble dicción de los personajes.

El teatro de problemática religiosa no es abundante, por desgracia, ni ha culminado hasta ahora en ninguna obra maestra, aunque sí pueden citarse algunos ejemplos aislados y apreciables: *El silencio de Dios*, de Julio Manegat (1925), *La señal*, de Fernando Lázaro, *Fuera es de noche*, de Luis Escobar (que también ha tenido un notable acierto en la comedia psicológica *Un hombre y una mujer*), *Proceso de Dios*, de José María González Estéfani, *El Vicario de Dios*, de Juan Antonio de la Iglesia (1917), quien también sostuvo durante varios años una simpática y abnegada empresa de teatro religioso popular, para el que compuso sus sencillos y emotivos *Retablos de la Carreta*. Han de citarse también *Uno de vosotros*, de Juan Guerrero Zamora, *Dos en el banquillo*, de Manuel de Heredia, *La hoguera feliz*, de José Luis Martín Descalzo, abundante en rasgos de poeta y *La salvación del hombre*, de Carlos de la Rica. Y no olvidemos que José María Pemán y Joaquín Calvo Sotelo han expuesto problemas religiosos con análoga sinceridad, aunque fuesen dirigidos a un público convencido de antemano. El teatro católico, de tan arraigada estirpe en España, espera después de Calderón su Claudel o su Eliot.

CapÍtulo XVII

NUEVAS CORRIENTES,
JOVENES IMPULSOS

Tras la somnolencia acomodaticia que tantas veces hemos reseñado en las anteriores páginas, varias promociones juveniles de escritores y de actores —aficionados éstos en su mayoría— se han aplicado, contra viento y marea, a instaurar en España un teatro violento, sincero, enterado de otros movimientos actuales, encaminado a sacudir todos los sueños plácidos, a afrontar crueles realidades, y a introducir en los escenarios novedades de puesta en escena, tomadas unas veces de ejemplos extranjeros más o menos vigentes, o creadas con lozanía y audacia por jóvenes animadores.

Las compañías de aficionados, formadas principalmente de estudiantes, proliferan en todas las provincias, y puede decirse que, como en tantos otros países, son las mantenedoras del gusto teatral en muchos puntos donde estaba a punto de extinguirse sin remedio. Nunca será bastante elogiada esta labor desinteresada, muchas veces heroica, por grandes que sean los errores —casi siempre noblemente idealistas— en que a veces incide. Su repertorio consta, en su mayor parte, de las obras de contenido social que las compañías profesionales, por múltiples motivos, suelen desdeñar. La protesta y la denuncia están a la orden del día en el teatro joven, y no ha de extrañarnos, porque en verdad hay mucho qué denunciar en nuestro difícil mundo. No siempre es fácil una apreciación serena y comprensiva de tales obras porque, aparte de la opinión que a cada cual merezca su contenido polémico, obsérvase por lo general una primacía de éste y de los alardes originales de puesta en escena, sobre los valores literarios, que fueron siempre distintivo y clave del teatro. En esta hora de crisis intensa que vivimos, es cada vez mayor y más reconocible el aprecio a los factores puramente espectaculares, por lo que a muchas de las obras de este teatro inconformista sería injusto aplicarles rigurosamente el criterio de valoración que hasta ahora se consideró válido.

Alfonso Sastre (1926) se significó siempre como decidido e infatigable promotor del teatro de inquietud social. Su valentía como teórico y animador del arte escénico ha sido, hasta ahora, más claramente eficaz que su dilatada y entusiasta labor de autor dramático, tan pródiga en desigualdades. Sin embargo, su primera obra de gran alcance, *Escuadra hacia la muerte,* continúa siendo, pese al curso del tiempo, una de las más perfectas realizaciones teatrales de nuestra posguerra, la más perfecta quizá. *Escuadra hacia la muerte,* luchando con la dificultad de un tema estoico, sin peripecia amorosa ni papeles femeninos, sostenía su tensión sin el más leve desmayo, con total seguridad escénica, con calidad humana de primer orden y con la lección inolvidable de la patética aventura que refería. Posteriormente, han sido muchos y osados los asuntos que Alfonso Sastre ha elegido, siendo sus temas tan diversos como sus resultados. No siempre se explica la impresión de inacabadas que producen muchas obras de Sastre, pues en otras acredita sobradas condiciones para llevar a buen término una empresa dramática. Dramas que pretenden trascendencia metafísica, como *La sangre de Dios*, o un turbador juego con el tiempo, como *El cuervo*, resultan extrañamente esquemáticos, arbitrarios incluso, como si el autor no acertase a encarnar de modo adecuado la intención que los presidió. *El pan de todos*, mucho mejor logrado dramáticamente, desarrolla un terrible conflicto entre el cariño filial y el deber para con la colectividad, dilema que impresiona situado en la lejanía heroica de un Guzmán el Bueno, pero que, entre personajes de nuestro tiempo, produce mayor malestar que admiración. La tragedia colectiva de *Muerte en el barrio*, tampoco causa el efecto apetecido, pues no sabemos si en el asesinato del médico egoísta y cobarde interviene más la crueldad despierta que el ansia de justicia. *Oficio de tinieblas* es un melodrama diestro, que puede deber mucho a la colaboración de los actores. Las apuntadas referencias negativas no obstan para que los dramas citados presenten a menudo escenas de sobrecogedor efecto, caracteres enérgicamente perfilados, y sobre todo un soplo de real entusiasmo que les confiere autenticidad.

Además, Alfonso Sastre es el autor de *La cornada* y de *Guillermo Tell tiene los ojos tristes*, que bastarían para acreditar a un autor dramático de cualquier país. En *La cornada* asistimos a un proceso de tiranía, que ya no es la dominación de un hombre o de un grupo sobre un pueblo, sino de un individuo sobre otro, ejercida en nombre y en favor del turbio negocio en que se ha convertido un espectáculo que fue gloria y tragedia. Tiranía decretada por interés bastardo; dominio en el que ya no entra ningún factor humano de amor o de odio, fríamente ejercido para el definitivo envilecimiento. La potencia dramática que podía encontrarse en este conflicto asfixiante ha sido magistralmente extraída por Alfonso Sastre, que encontró en *La cornada* un momento oportuno en el que confluyeron todas sus facultades, conjugándose en un fructuoso equilibrio. A las inexperiencias o vacilaciones de técnica sucedía una madura seguridad; y ningún personaje dedicábase a hablar por cuenta del autor, adquiriendo la necesaria contextura vital, y permitiendo de ese modo que la intención combativa del dramaturgo se lograse plenamente, manifestando con voz clara y limpia su indignación ante aquella nueva y penosísima modalidad de la injusticia.

Guillermo Tell tiene los ojos tristes nos exhibe el reverso de la leyenda heroica, situándole en su punto de doloroso drama individual. Aquí la emoción se eleva a la poesía; mérito que nunca debe desdeñar el puntual realismo de Alfonso Sastre. Poesía amarguísima del sacrificio que se proclama fecundo, porque sirvió para liberar a un pueblo, pero que resulta íntimamente estéril para el padre que perdió a su hijo, quedándole para siempre el duelo en la tristeza de las pupilas. La versión que Sastre agrega a una fábula universal prueba sobradamente que, por encima de anteriores debilidades de estructura —nunca de pensamiento—, contamos con un autor dramático que, a la vocación ejemplar, une la capacidad necesaria para crear sobre la escena, con personalísimos rasgos, un héroe trágico de humana estatura y de duradera lección.

Carlos Muñiz (1927) ha sobresalido también al exponer su protesta por medio de las pequeñas vidas arrinconadas o menospreciadas, que reiteran su desesperación en *El grillo*, en *El tintero* y en *El precio de los sueños*. El éxito de *El tintero* ha traspasado la frontera española, y no ha de asombrarnos tan feliz resultado, pues su movimiento de farsa incisiva y sardónica late con el pulso del más moderno teatro. El problema, agobiadoramente eterno, del hombrecillo que malvive de un sueldo, y cuyo dolor adquiere vetas de ridículo, continúa teniendo universal actualidad, sobre todo, si se expresa por medio de bien adaptados conceptos teatrales de nuestra hora. *El precio de los sueños* incide en el mismo tema, pero haciendo retornar el relampagueo de la farsa a la normalidad de la comedia; y tal aparente retroceso no encierra un desdoro, pues a través de su realismo sencillo se comprueba con la más punzante evidencia la magnitud de la tragedia cotidiana. *Las viejas difíciles*, en cambio, son un tropiezo efectivo en la carrera de Carlos Muñiz; la sátira a ciertos conceptos de vida, afortunadamente extinguidos o en vías de liquidación, parece la clásica lanzada a moro muerto; y el conjunto de la obra, lleno de exageraciones y de desenfoques, no compensa de aquel anacronismo fundamental.

Lauro Olmo (1923), que es otro hombre de vocación firmísima y de línea de bien probada honestidad, se adueñó de un público multitudinario con *La camisa*, cuadro del suburbio madrileño, en que la garbosa movilidad del viejo sainete retoñaba un poco, lo preciso para prestar savia a una acción actual y punzante, sin desnaturalizarla. *La camisa* gustó a todo el mundo, pues unos apreciaban su noble intención polémica, otros la simpatía vibrante de su dinamismo escénico, y todos la calidad humana del tema y de los personajes, aquella realidad que tanto impresionó a los lectores, tal vez no muy numerosos, de anteriores cuentos y novelas de Lauro Olmo. *La pechuga de la sardina*, en quien su autor tenía depositada muchas ilusiones, no alcanzó el mismo resultado, pues desconcertó al público la acritud de su naturalismo, que en el fondo no se despojaba de la ternura tan admirada en *La camisa*. *El cuerpo* distó mucho de ser un acierto, pero *English Spoken*, nueva mirada cariñosamente lúcida sobre los chicos del barrio humilde, ponía de relieve que Lauro Olmo podía enriquecer hasta el infinito los exiguos ámbitos de su escenario popular, mediante la profundidad de la observación, y sobre todo, mediante ese infinito amor a los semejantes, gracias al cual añade sin cesar especias sabrosas a su diálogo y gestos llenos de vida a sus semblantes. La sensibilidad de Lauro Olmo consigue que no tenga nada de torvo un cuadro de miseria y de anhelo donde no se disfraza ni dulcifica la triste realidad. Sus comedias son el alegato firme que no pierde la sonrisa, la mirada clara que denuncia con coraje, pero sin resentimiento. El impulso franciscano de Lauro Olmo se atestigua también en las piezas de teatro infantil que ha compuesto en colaboración con su esposa Pilar Enciso; piezas admirablemente adecuadas a quienes van dirigidas, con un instinto del gusto y de la comprensión infantiles que no siempre acompaña a otras tentativas bien intencionadas. No me parece ocioso que los ogros y las brujas sean sustituidos por tiranos o explotadores, pues bien se puede corporeizar en éstos la encarnación del mal.

José Martín Recuerda (1925) dio su primer paso con *Las salvajes de Puente San Gil*, agria y pintoresca crónica de la irrupción de una compañía de revista de la legua en un poblado superceltibérico, farsa chirriante cuyo bullicio esperpéntico se aprecia mejor en la escena que en la lectura. *¿Quién quiere una copla del Arcipreste de Hita?*, intentaba corporeizar a Juan Ruiz en una encarnación totalmente desprovista de alegría. La íntima tristeza de Martín Recuerda, cuya filigrana domina el fondo de las dos piezas anteriores (bulliciosas y dinámicas exteriormente) consigue poética expresión en *Como las secas cañas del camino*, donde la melancolía absorbente, pero no lacrimosa, cubre de lírica ceniza el camino aldeano, las voces y las cintas desteñidas del festejo, la penosa e irremediable frustración femenina. Se hace más enérgica la voz de Martín Recuerda en *El Cristo*, que por su problemática debimos incluir en la selección de títulos de inspiración religiosa, pero que por su ritmo vibrante y su visión del conflicto espiritual ha de situarse en el mejor capítulo del teatro inquieto y airado: aunque no estemos totalmente conformes con la visión de Martín Recuerda, comprendemos sin esfuerzo el combate interior y material del joven párroco de *El Cristo*. Pero hasta hoy, nos parece superior a las demás obras de Martín Recuerda, por su enorme y purísimo valor emocional, *El teatrito de don Ramón*. Desde la *Doña Rosita* lorquina no habíamos presenciado una glosa tan desolada de las ilusiones que se frustran y de los entusiasmos que perecen; nos inunda la congoja ante aquel mísero escenario adornado con mil amores, ante aquel Obispo que no llega, ante aquellos malos actores ilusionados que se esfuerzan en conmover a un público radicalmente cerril, cruelmente ansioso de ridículo. Martín Recuerda acierta a definir la impresión de un agudísimo dolor, el del artista sincero enfrentado con la más triste vulgaridad del ambiente, enfrentado también con su propia carencia de recursos materiales y temperamentales. *El teatrito de don Ramón*, impregnada de tristeza, que no consigue suavizar el último e inútil arrebato alentador, es una pieza bellísima, una tragedia cotidiana que encuentra su categoría en la propia sencillez.

Si Martín Recuerda confiere a sus temas cierta intemporalidad —pues el dolor de la lucha contra la vulgaridad y contra la indiferencia tiene fisonomía universal y muy antigua— José Rodríguez Méndez (1925) y José Rodríguez Buded se dirigen más directamente a los problemas acuciantes, a la herida inmediata. *Los inocentes de la Moncloa*, de Rodríguez Méndez, fue durante mucho tiempo pieza favorita de las agrupaciones juveniles, que reconocían en ella una protesta muy acorde con su insatisfacción. El tema candente del opositor, y de su lucha obsesionante por la conquista de un puesto en la vida, se rodeaba del mísero cuadro de la pensión agobiadora, con su mezquindad deshumanizada: mezquindad que se cifra en el celestineo de la dueña y en la muerte solitaria y desatendida del muchacho desconocido. *Vagones de madera*, *El círculo de tiza de Cartagena* y *La batalla de Verdún*, son títulos sobresalientes de una obra ya muy extensa, osada y gallarda en su denuncia, que, sin duda, por esa claridad de posición no ha podido llegar al conocimiento del público. Insiste Rodríguez Méndez en el ataque a todo aquello que convierte a los hombres en rebaño absurdo, bien sean el hacinamiento de *Vagones de madera*, la revolución sin brújula de *El círculo de tiza de Cartagena*, o la situación sofocante de *La batalla de Verdún*.

Por su parte, Rodríguez Buded torna la mirada a los seres de humanidad media que tan bien conocen Carlos Muñiz y Lauro Olmo, y nos hace percibir una vez lo intolerable de la convivencia forzada en *La madriguera*, la atroz injusticia del matrimonio separado por la miseria en *Un hombre duerme*, injusticia que no puede, ni quiere, remediar una caridad de cartón piedra, o la guerra sorda de padres e hija en *El charlatán*, pelea doméstica esmaltada de toda suerte de bajas escaramuzas. El pesimismo que puede extraerse de las obras de Rodríguez Méndez o de Rodríguez Buded no procede de una concepción peyorativa del ser humano, sino de las fuerzas trágicamente superiores que le cercan y le envilecen. Juzgados literariamente, ambos autores tienen un dominio claro de sus medios, y saben infundir vida, recio patetismo o desoladora ironía a los amargos cuadros que dibujan con mano firme.

Fernando Arrabal (1932), de universal fama como miembro aventajado y personalísimo del teatro del absurdo, escribió en castellano sus primeras piezas, que no sería lícito ignorar en un panorama del teatro español contemporáneo. Ya sabemos que Arrabal no pierde en sus obras escritas en francés la sarcástica y atormentada vena española, que en *El triciclo* y en *Fando y Lis* se tiñe de ternura. Precisamente, uno de los caracteres distintivos de Arrabal es haber aportado al teatro del absurdo el acento de ingenuidad tan perceptible en las citadas comedias, una gracia pueril que nada tiene que ver con el infantilismo superartificial de la vanguardia dadá y de algunas consecuencias de ella. En aquel teatro, hasta las atrocidades se cometen con tal inocencia, con tal mimo pudiéramos decir, que no tenemos más remedio que discul- parlas, o aplaudirlas como si fuesen cándi- das travesuras. Este acento juvenil, con ecos de canción de corro, lo hallamos también en los relatos poéticos de *La ceremonia de la con- fusión*, antes de arribar a la madurez candente, orgía de casi litúrgico esperpento, de su obra posterior, de mundial y escandalosa difusión. En torno de Arrabal, como en torno de Dalí, hay demasiados prejuicios a favor y en contra, creando una atmósfera inextricable que ha de ser disuelta con serenidad. Entre tanto, y de- jando en los ámbitos del teatro francés un estu- dio más detenido de la obra de Arrabal, me limito a consignar los valores positivos de sus comedias iniciales, que en mala hora no enten- dió un trasnochado auditorio español: la concepción del teatro del absurdo como poética diablura, la fusión inquietante de ternura y de crueldad, la sabiduría irónica con que se maneja la ingenuidad de los personajes, la admirable soltura del desarrollo teatral. Aquellas obras menospreciadas en su día aportaban al fenómeno universal del teatro del absurdo una nota de original frescura, de juvenil y diabólico regocijo, que era rasgo personal e intransferible de Fernando Arrabal.

Ya en los últimos años, el teatro llamado comercial, que antes se llamaba teatro a secas, continúa usufructuado por algunos grandes éxitos de autores extranjeros y por los héroes de la comedia ligera, que pueden reducirse a Alfonso Paso y a Juan José Alonso Millán. Muchas veces, las comedias extranjeras aplaudidas pertenecen a la misma tonalidad ingrávida y efímera, aunque también sea satisfactorio y esperanzador el aplauso tributado a verdaderas obras maestras, o a otras que, sin serlo, aportaban al menos una visión actual y cálida de los hombres y de los acontecimientos. Al margen de ese teatro comercial, e irrumpiendo alguna vez en sus escenarios, se mueve con más vitalidad que nunca el creciente repertorio de los rebeldes, de los inconformistas y de los inadaptados. Repertorio creado por autores jóvenes, naturalmente de obra escasa, ha de ser aún juzgado por su orientación general más que por sus manifestaciones individuales, donde el mimetismo suele estar a la orden del día. También resulta difícil formular un dictamen rotundo acerca de obras en que los valores literarios no van siempre acordes con la sugestión ejercida por su representación. Muchas piezas de autores jóvenes, de indudable impacto en la escena, son decepcionantes en su lectura, y en el período de transición que atravesamos es arriesgado establecer tajantes diferenciaciones entre la categoría estética de un texto y los factores plásticos y espectaculares de su realización escénica.

Se dice también que casi todo este teatro joven será efímero por su propio carácter acusador y polémico, vinculado ciertamente a un duro momento histórico. Pero el acento político o social, por sí solo, no invalida a una obra de arte, como tampoco se adquiere esta categoría a base de un puro concepto de actualidad candente. Bien «contestarias» eran las comedias de Aristófanes, y bien vivas y coleando están, indiferentes al paso de los siglos y a la modificación de las circunstancias; pudiendo añadirse que también las circunstancias, compañeras del hombre eterno, se alteran menos de lo que se cree. Es natural que el teatro joven se manifieste en forma de protesta, y no existe razón para dar por seguro que dicha protesta no se exprese con salvadora poesía o con dominante inteligencia.

Los riesgos que actualmente corre el teatro inquieto y combativo son, entre otros que escapen a nuestra observación, el mimetismo casi ineludible en los juveniles ensayos; el desequilibrio entre el espectáculo y la palabra, con mengua de esta última; la tremenda monotonía de los tipos satirizados, que se encarnan en siluetas tópicas (el general bigotudo, la señora burguesa gorda, el cura hipócrita o despiadado, el financiero astutísimo, el manipulador del consumo alienador), tan tópicas como la prostituta generosa o el joven inmaculado, que también asoman bastante; el ataque a la sociedad de consumo en bloque, atribuyendo a malignos poderes desconocidos los males que seguramente proceden de la índole y de las exigencias de la propia masa; la uniformidad del procedimiento escénico, a base del empleo del coro y de los discursos o arrebatos sucesivos.

Claro está que los peligros citados, y otros muchos que sería posible añadir, no han de ser obstáculo para que prosiga su recia aventura el teatro de los jóvenes autores. Aventura que cuenta, por de pronto, con una extensa relación de autores animosos y de títulos destacables. Son ejemplos interesantes del nuevo y vital teatro español *Tiempo del 98* y *Ejercicios en la noche*, de Juan Antonio Castro (1927), el primero por su vivísimo montaje de episodios y tipos, que evoca toda una época con voluntad crítica y singular intuición de la realidad histórica, el segundo por la sorprendente belleza del lenguaje, por la recreación nada fácil del escenario sespiriano, y por el bien conseguido entramado de ficción y realidad. Citaremos asimismo *Guadaña al resucitado*, de Ramón Gil Novales, farsa influenciada por hálitos europeos, pero resuelta con chanza y virulencia bien españolas; las «farsas contemporáneas» de Antonio Martínez Ballesteros (1929), entre las que descuellan, por su descarnada y certera visión, *Los opositores* y *El hombre vegetal; Raciofagia y Sonría, señor dictador*, de Vicente Romero (1947); *Espectáculo siglo XX*, de Manuel Martínez Mediero (1939), violenta sátira llena de vitalidad; *Recordando a Gogó*, de Juan Martínez de la Vega, que traslada la espera de los payasos de Beckett a la nostalgia invencible y al presentimiento desalentado de una pareja en busca del amor mututo, con una apertura a la luz en el abrazo final; *El adiós del mariscal,* de Luis Matilla, tan sañudamente real merced a su propio tinte de farsa; *Los niños,* de Diego Salvador; *El insaciable Petes Cash,* de Carlos Pérez Dann; *Odio-celo-pasión de Jacinto Disipado,* de Angel García Pintado; *Cómo el poder de las noticias nos da noticias del poder,* de Juan Ricardo Morales; *La decoración del hogar,* de Aria Velasco, cuya escéptica guasa se reviste de audacias inesperadas e ingeniosísimas; *Diálogos de la herejía,* de Agustín Gómez Arcos, *Fútbol* y *El vendedor de problemas,* de José María Bellido; *Es bueno no tener cabeza,* de Francisco Nieva; *Oratorio,* de Adolfo Jiménez, y aún hemos de dejar un largo y esperanzado etcétera.

Si bien no pertenecen enteramente a la tendencia de tumultuoso movimiento y de contundente ironía, se ofrecen recientemente dos importantes valores jóvenes: Ana Diosdado, que ha merecido un rotundo éxito con *Olvida los tambores,* nueva y sensible mirada sobre la situación juvenil, y Luis Emilio Calvo Sotelo, que ha llevado a la escena a Mussolini en *Proceso de un régimen.* Después de hallar perdurable aceptación en América y en Europa, hemos conocido en España la creación escénica de José Ruibal (1925), que tiene, sin duda, una gran agilidad teatral, y algún acierto considerable como *El rabo,* pero que hasta ahora no parece superior a la de otros autores jóvenes anteriormente citados. Las breves piezas *El padre* y *Los ojos* son aceptables como expresión de lances individuales, pero harto discutibles si intentamos generalizar su visión unilateral de los conflictos familiares. Otras obras de mayor alcance del propio autor —*La máquina de pedir, El asno, La Ciencia de Birlibirloque*— no han asomado, que yo sepa, a la escena española; su lectura nos manifiesta el temple dramático y el vigor literario de un dramaturgo cuyos temas suelen permanecer dentro de un convencionalismo de actualidad, sin dejar por eso de delatar una garra firme de hombre de teatro y de convencido polemista.

Entre los autores que recientemente han trabado contacto con el público hallamos a Hermógenes Sainz, de vocación tensa, también hondamente preocupado por el terreno de disparates y de misterios en que se mueve el hombre de hoy, a Julio Mathis y al ya nombrado José María Bellido, que después del impresionante *Tren a F...* vuelca raudales de osada ironía en *Milagro en Londres*. Los poetas siguen dando guerra en el teatro, a Dios gracias: *Los buenos días perdidos*, de Antonio Gala, y *El relevo*, de Gabriel Celaya —intento tan ingenioso como afortunado— nos reafirman la vitalidad del lírico desenfado sobre una escena que no deja de requerirlo. Apuntemos, como curioso dato, que el libreto de ópera, pese a las reducidas posibilidades que España le ofrece, continúa tentando a algunos escritores de primer orden: son bien significativos los ejemplos de *María Sabina*, de Camilo José Cela, y de *Mito*, de Antonio Buero Vallejo.

No cerraremos este cuadro del teatro español actual con los acostumbrados vaticinios. El balance del siglo no es brillante, ni mucho menos, pues nuestro teatro ha ofrecido un paisaje llano, con algunos lindos colores que se estropearon pronto, y dos o tres cimas que se pueden contemplar hoy desde todos los puntos cardinales. Un gran nombre suele ser suficiente para compensar la esterilidad de un país o de un siglo; aunque siempre es preferible que aquella esterilidad no exista. Pero no dejaremos también de recordar que el teatro español ha sufrido golpes muy duros, ha soportado muchas restricciones, y, sin embargo, ha sabido sobrevivir: esta incesante lucha por la existencia, tan sostenida hoy por muchas manos jóvenes, y, por lo tanto, bien provistas de sangre y músculo, puede abrir un crédito al porvenir. En el terreno del arte, tan soberanamente libre y misterioso, todas las sorpresas son previsibles.

BIBLIOGRAFIA

ALVAREZ SIERRA, J.: *Villaespesa* (Editora Nacional).
ALVARO, FRANCISCO: *El Espectador y la Crítica* (Escelicer).
AUBRUN, CHARLES V.: *Histoire du Théatre Espagnol* (Col. «¿Que sais-je?», Presses Universitaires de France).
AYALA, FRANCISCO: *Valle Inclán y la dificultad de la tragedia* (Gredos).
AZORÍN: *Los Quintero y otras páginas*.

BONET GELABER, JUAN: *Jardiel Poncela, el discutido indiscutible* (Biblioteca Nueva).
BOREL, J. P.: *El teatro de lo imposible* (Guadarrama).
BUENO, MANUEL: *Teatro español contemporáneo*.

CARDONA, RODOLFO y ZAHAREAS, ANTHONY N.: *Visión del Esperpento* (Castalia).
CASALDUERO, J.: *Vida y obra de Galdós* (Gredos).
CORTÉS, ELADIO: *El teatro de Villaespesa*.
CORTINA, JOSÉ RAMÓN: *El arte dramático de Antonio Buero Vallejo* (Gredos).

D'AMICO, SILVIO: *Historia Universal del Teatro* (Losada, Buenos Aires).
DELGADO, SINESIO: *Mi Teatro* (Taurus).
DÍAZ PLAJA, GUILLERMO: *Federico García Lorca* (Colección Austral).
— *La voz iluminada*.

Díez Canedo, Enrique: *El Teatro y sus enemigos* (Fondo de Cultura Económica, México).
— *Artículos de crítica teatral: el teatro español 1914-1936* (Joaquín Mortiz, México).
Domenech, Ricardo: *El teatro, hoy* «Cuadernos para el Diálogo.»

Eich, Christopher: *Federico García Lorca, poeta de la intensidad* (Gredos).

Fernández Almagro, Melchor: *Vida y literatura de Valle Inclán* (Taurus).
Fernández Montesinos, José: *Galdós* (Castalia).
Fernández Shaw, Guillermo: *Un poeta de transición, Carlos Fernández Shaw* (Gredos).
Flórez, Rafael: *Mío Jardiel* (Biblioteca Nueva).
— *Jardiel Poncela* (Epesa).
Franco, Andrés: *El teatro de Unamuno* (Insula).
Francos Rodríguez, José: *El Teatro en España* (1908-1909).

García Pavón, Francisco: *Teatro social en España* (Taurus).
González Blanco, Andrés: *Los Dramaturgos españoles contemporáneos.*
González Climent, Anselmo: *Andalucía en los Quintero* (Escelicer).
González Ruiz, Nicolás: *El Teatro* (Instituto de Cultura Hispánica).
Gordón, José: *Teatro experimental español* (Escelicer).
Guerrero Zamora, Juan: *Historia del Teatro Contemporáneo* (Juan Flors).
— *Las máscaras van al cielo* (Juan Flors).

Kronik, John W.: *«La Farsa» y el teatro español de la preguerra* (Castalia).

Lázaro, Angel: *Vida y obra de Benavente* (Afrodisio Aguado).
Losada de la Torre, J.: *Los Hermanos Alvarez Quintero* (Editora Nacional).

214

March, María Eugenia: *Forma e idea de los esperpentos de Valle Inclán* (Castalia).

Marqueríe, Alfredo: *El teatro que yo he visto* (Bruguera).

— *Desde la silla eléctrica.*

— *Alfonso Paso y su teatro* (Escelicer).

— *El teatro de Jardiel Poncela* (Biblioteca Nueva).

— *Cien anécdotas de teatro.*

— *20 años de teatro en España* (Editora Nacional).

Martínez Olmedilla, Augusto: *Arriba el telón* (Aguilar).

— *Los Teatros de Madrid.*

Martínez Sierra, Gregorio: *Un Teatro de Arte en España.*

Martínez Sierra, María: *Gregorio y yo* (Gandeso).

Mathias, Julio: *Benavente* (Epesa).

— *Alfonso Paso* (Epesa).

Mesa, Enrique de: *Apostillas a la escena.*

Monleón, José: *50 años de teatro a la derecha* (Ediciones de Bolsillo).

— *El teatro de Max Aub* (Taurus).

Montero Alonso, José: *Vida de Eduardo Marquina* (Editora Nacional).

— *Pedro Muñoz Seca.*

Muñoz, Matilde: *El arte dramático en España* (Tesoro).

— *Historia de la Zarzuela y del género chico* (Tesoro).

Nourrissier, Francois: *Lorca* (L'Arche).

Pérez de Ayala, Ramón: *Las Máscaras* (Col. Austral).

Pérez Minik, D.: *Teatro europeo contemporáneo* (Guadarrama).

Ponce, Fernando: *Introducción al teatro contemporáneo* (Editora Nacional).

Quinto, José María de: *La tragedia y el hombre* (Seix Barral).

Ramos, Vicente: *Vida y teatro de Carlos Arniches* (Taurus).

Risco, Antonio: *La estética de Valle Inclán en los Esperpentos y en el «Ruedo Ibérico»* (Castalia).

215

RODRÍGUEZ MÉNDEZ, J. M.: *Comentarios impertinentes sobre el teatro español* (Ediciones de Bolsillo).

RODRÍGUEZ RICHART, J.: *Vida y teatro de Alejandro Casona.*

RUIZ CONTRERAS, LUIS: *Medio siglo de teatro infructuoso.*

RUIZ RAMÓN, FRANCISCO: *Historia del Teatro Español* (Alianza Editorial).

SÁNCHEZ, J. ROGERIO: *El teatro poético.*

SÁNCHEZ ESTEVAN, ISMAEL: *Jacinto Benavente y su teatro* (Ariel).

— *María Guerrero* (Iberia).

SASTRE, ALFONSO: *Drama y sociedad* (Taurus).

TORRENTE BALLESTER, GONZALO: *Teatro español contemporáneo* (Guadarrama).

UMPIERRE, GUSTAVO: *«Divinas Palabras», alusión y alegoría* (Castalia).

VALBUENA PRAT, ANGEL: *Historia del teatro español* (Noguer).

— *El teatro moderno en España.*

VILA SELMA, JOSÉ: *Benavente, fin de siglo* (Rialp).

VIQUEIRA, J. M.: *Así piensan los personajes de Benavente* (Aguilar).

ZAMORA VICENTE, ALONSO: *La realidad esperpéntica* (Gredos).

ZÚÑIGA, ANGEL: *Una historia del cuplé* (Barna).

ZURITA, MARCIANO: *Historia del género chico.*

El Teatro de humor en España (Editora Nacional).

Teatro Español (Suplemento de «Cuadernos para el Diálogo»).

Colecciones de las revistas, «El Teatro», «Comedias y Comediantes» y «Primer Acto».

216

219

INDICE

TITULOS PUBLICADOS EN ESTA COLECCION

Precio del ejemplar: 50 ptas.

38. NAZIM HIKMET, *por Solimán Salom.*
39. BLASCO IBÁÑEZ, *por Mauricio Xandró.*
40. ANGEL M.ª DE LERA, *por Antonio R. de las Heras.*
41. SOLANA, *por A. M. Campoy.*
42. JOSÉ LUIS HIDALGO, *por Obdulia Guerrero.*
43. ALFONSO PASO, *por Julio Mathías.*
44. GANIVET, *por Norberto Carrasco.*
45. SELMA LAGERLÖF, *por Dolores Medio.*
46. PÍO BAROJA, *por Eduardo Tijeras.*

Serie PANORAMAS

47. 3-P. NARRATIVA FRANCESA, *por Jacinto-Luis Guereña.*

Serie BIOGRAFÍAS

48. ALDOUS HUXLEY, *por José Angel Juanes.*
49. ANA M.ª MATUTE, *por Rosa Romá.*
50. LORD BYRON, *por José Luis Blanco.*
51. L. F. DE MORATÍN, *por Leandro Conesa Cánovas.*
52. JORGE LUIS BORGES, *por Marcos Ricardo Barnatán.*
53. EDGAR ALLAN POE, *por Armando Ocano.*
54. HEMINGWAY, *por Stewart Sanderson.*
55. DUQUE DE RIVAS, *por Luis López Anglada.*
56. JAMES JOYCE, *por Manuel Arturo Vargas.*
57. PEDRO SALINAS, *por José Vila Selma.*
58. MIGUEL MIHURA, *por Fernando Ponce.*
59. CURZIO MALAPARTE, *por Mariano Tudela.*
60. IGNACIO ALDECOA, *por M. García Viñó.*
61. LAUTRÉAMONT, *por Miguel Bayón.*
62. VIDA, OBRA Y CARÁCTER DE JOSÉ M.ª PEMÁN, *por Emilio Gascó Contell.*
63. CESARE PAVESE, *por Julio M. de la Rosa.*

PROXIMOS TITULOS:

* POESÍA ESPAÑOLA DE TESTIMONIO.
** POESÍA ESPAÑOLA DE TESTIMONIO.
EMMANUEL MOUNIER, *por Feliciano Blázquez.*